SUSANNE SEETHALER

Schenk dir eine Atempause

Meditationen, Reflexionen und Achtsamkeitsübungen für 52 Wochen

In unserer schnelllebigen Zeit wird es für immer mehr Menschen schwierig, sich im Alltag Rückzugsmöglichkeiten zu schaffen. Dabei haben wir regelmäßige kleine Pausen und die damit einhergehende Entspannung immer nötiger, je hektischer unser Tagesablauf wird. Krankheiten wie Burn-out und Depressionen können die Folgen dieser Entwicklung sein, und glaubt man medizinischen Studien, dann sind gerade diese leidvollen Zustände in den letzten Jahren in erschreckendem Maße auf dem Vormarsch. Manchmal übersehen oder ignorieren wir jene ersten körperlichen Warnzeichen, die einem solchen Zusammenbruch vorausgehen. Rückenschmerzen, Migräne oder Magenschmerzen, um nur einige zu nennen, fungieren als Alarmglocken, die uns anzeigen, dass sich Körper und Seele im Moment nicht im Einklang befinden. Umso besser, wenn Sie rechtzeitig merken, dass es zu viel wird – vielleicht fühlen Sie sich einfach müde, erschöpft und energielos.

Atmen heißt Leben

Doch selbst im größten Stress haben wir immer auch die Möglichkeit, einen Gang herunterzuschalten und tief durchzuatmen. Es ist lediglich eine Frage der Übung und der Bereitschaft, sich einmal der eigenen Person liebevoll zuzuwenden – man kann jederzeit damit anfangen. Oft reichen schon ein paar Minuten aus, um unsere natürliche innere Ausgeglichenheit wieder herzustellen und dadurch zurück zu Gelassenheit und Stabilität zu finden. Atmen heißt Leben, denn ohne diesen wundersamen natürlichen Mechanismus ist ein Überleben für Mensch und Tier unmöglich.

Sie werden feststellen, dass sich das Thema Atmen durch viele der folgenden Übungen wie ein roter Faden zieht, auch wenn es bei manchen vordergründig erst einmal um etwas anderes geht. Doch jede Körperübung und auch jede Form der Meditation ist eng mit unserer Atmung verbunden. Unser Atem ist wie ein Fluss, der all unsere Handlungen trägt und uns dadurch in jedem einzelnen Augenblick unseres Lebens unterstützt. Dieser Fluss des Atmens kann zudem ein Gradmesser für unsere aktuelle Befindlichkeit sein. Wir können bei genauerem Hinsehen und Spüren bereits am Atem erkennen, wie es uns gerade geht, ob uns vielleicht etwas den Atem stocken lässt, die Kehle zuschnürt oder im besten Falle befreit aufatmen lässt. Atmen kann jeder! Es sind weder besonderes Können noch eine aufwendige Ausbildung erforderlich, um mithilfe des Atmens zu mehr Gelassenheit und Ruhe zu finden. Dies gilt auch für alle anderen Übungen in diesem Tischaufsteller. Wo immer Sie sich auch aufhalten, Sie haben stets die Möglichkeit, Ihre Aufmerksamkeit auf den Atem zu lenken. Legen Sie doch einfach am Schreibtisch eine kleine Pause ein und zählen Sie die nächsten zehn Atemzüge leise mit – schon öffnet sich in Ihrem Inneren ein Raum, in den Sie sich für einen Augenblick zurückziehen können. Danach gehen Sie gestärkt wieder an die Arbeit. Oder stellen Sie sich an ein weit geöffnetes Fenster und atmen Sie ein paar Minuten lang kräftig durch; füllen Sie Ihre Lungen und Ihr Gehirn mit frischem Sauerstoff.

Die nötige Auszeit nehmen

Jede der 52 Atempausen im Alltag umschreibt eine Gelegenheit, bei der Sie sich etwas Zeit für sich selbst nehmen können, eine Oase inmitten von Hektik und Stress. Sich kurz eine Auszeit zu gönnen, und sei es nur für ein paar wenige Minuten, um sich dadurch bewusst aus dem Alltagsgetriebe herauszunehmen, das macht eine Atempause im klassischen Sinne aus. Alle Achtsamkeitsübungen, Meditationen und Reflexionen, die Sie nun auf den folgenden Seiten vorfinden werden, können eine erste Anregung für Sie sein, um kleine, erholsame Pausen in Ihrem Alltag dauerhaft zu verankern. Zudem haben alle Vorschläge eines gemeinsam: Sie sind für jeden, auch für Ungeübte, leicht nachzumachen und benötigen nicht viel Zeit. Außerdem müssen Sie nicht einen extra dafür vorgesehenen Ort aufsuchen; Sie können sich ganz einfach und schnell selbst eine Insel der Ruhe zaubern, egal, wo Sie sich gerade befinden. Manche der Übungen verhelfen Ihnen zu mehr Konzentration, andere wiederum sind kleine Entspannungswunder, die selbst am Schreibtisch oder in der Bahn binnen kürzester Zeit ihre ganze Wirksamkeit entfalten können.

Sich selbst Gutes tun

Nicht zu unterschätzen ist auch das Potenzial der Liebe, das sich durch das regelmäßige Üben entfalten kann. Sich selbst etwas Gutes zu tun aktiviert nicht nur die Selbstheilungskräfte, sondern auch die Selbstliebe. Und ein Mensch, der liebevoll mit sich und seinem Körper umgeht, strahlt auch Ruhe und Herzenswärme auf seine Umgebung aus.

Die Übungen

Die drei unterschiedlichen Arten von Übungen erkennen Sie an folgenden Symbolen:

Meditation

Reflexion

Achtsamkeitsübung

Sie bauen nicht aufeinander auf und folgen auch keiner bestimmten Reihenfolge oder gewissen Schwierigkeitsgraden, können aber durchaus miteinander kombiniert werden. So kann beispielsweise auf eine Atemmeditation als Ergänzung noch eine Körperübung folgen – oder umgekehrt. Das Register, in dem alle Übungen für Sie noch einmal übersichtlich aufgelistet sind, soll Ihnen bei der Orientierung oder bei der Zusammenstellung bestimmter Übungen helfen.

Es ist hilfreich, sich nicht zu viel vorzunehmen, denn schließlich geht es darum, Druck und Stress aus dem Tagesgeschehen herauszunehmen und nicht darum, gleich wieder neue Aktivitäten in einen ohnehin schon überfrachteten Alltag zu integrieren. Lassen Sie sich einfach inspirieren und probieren Sie aus, was Ihnen guttut. Sie müssen niemandem Rechenschaft für Ihre Atempausen ablegen und auch niemandem etwas beweisen! Nehmen Sie sich selbst für einen kurzen Moment die Last von Ihren Schultern. Manchmal reicht es auch schon aus, ein paar Minuten lang das jeweilige Wochenbild dieses Tischaufstellers zu betrachten und auf sich wirken zu lassen. Dieser Aufsteller möchte Sie sanft durch das Jahr begleiten. Mithilfe der Übungen können Sie beherzt, wach und gleichzeitig in sich ruhend einer Welt gegenübertreten, die in den letzten Jahren immer schneller, lauter und ruheloser geworden ist.

Meditationen

Um die Meditationsübungen auf den folgenden Seiten ausführen zu können, müssen Sie weder religiös sein noch Vorkenntnisse im Meditieren haben. In erster Linie bedeutet Meditation hier, zur Ruhe zu kommen und sich zu entspannen. Deshalb finden Sie unter dieser Rubrik sowohl klassische Meditationsformen wie auch einige einfache Yogaübungen, die den Fokus der Meditation gezielt auf den Körper lenken. Zudem können Sie sich an Körperübungen, die dem klassischen Qi Gong entlehnt sind, versuchen und verschiedene Atemmeditationen praktizieren, die Ihnen dabei helfen sollen, Ihre Atempausen so effektiv wie möglich erfahren zu können. Meditation umfasst sowohl den Körper als auch unseren Geist. In manchen asiatischen Traditionen spricht man auch von der »tiefen Innenschau«, die während einer Meditationsphase betrieben wird; sie konzentriert sich nicht nur auf das Fokussieren eines Meditationsobjekts, wie etwa den Atem oder die Flamme einer Kerze, sondern kann sich auch auf die Empfindungen des Körpers beziehen.

Im Gehen meditieren

Mit ein bisschen Übung können Sie einfache Meditationen im Grunde überall und jederzeit praktizieren, Sie müssen sich dafür nicht extra an einen besonderen Ort zurückziehen, gänzlich abgeschottet vom Alltagsgeschehen. Kleine Spaziergänge in der Natur oder auch ein paar Schritte um den Block während der Mittagspause eignen sich beispielsweise wunderbar, um wieder in eine gesunde innere Balance zu finden.
Versuchen Sie dabei ab und zu mit der Empfindung und Ihrer vollen Aufmerksamkeit zu den Füßen zu gehen und beobachten Sie, wie diese beiden unermüdlichen Gefährten Sie Schritt für Schritt durchs Leben tragen. Und auch eine kleine Blume am Wegesrand kann für einen kurzen Moment zu Ihrem Meditationsobjekt werden; lassen Sie einfach die natürliche Schönheit und Anmut des Blütenköpfchens auf sich wirken. Betrachten Sie eine Zeit lang aufmerksam die zarten Blütenblätter und das Spiel der Farben, bevor Sie dann wieder Ihren Fokus weiter werden lassen.
»Unser Körper ist der Tempel, in dem die Seele ein Zuhause gefunden hat«, sagen die Mystiker. Mithilfe einfacher Körperübungen lernen Sie Ihren eigenen Körper durch sanfte Bewegungen neu kennen, um sich in ihm wie in Ihrem eigenen Haus niederzulassen. So kann er zum Rückzugsort in hektischen Zeiten werden. Allen Atemübungen auf den folgenden Seiten liegt eine einfache Meditationshaltung zugrunde, denn es atmet sich leichter, wenn der Rücken gerade ist. Und auch bei vielen anderen Übungen in diesem Tischaufsteller ist eine meditative Haltung ratsam. Es sind für alle Übungen aber weder Meditationskissen

noch sonstige Ausrüstung wie Yogamatten nötig. Eine aufrechte und entspannte Haltung, sei es nun im Stehen oder im Sitzen, lässt Ihre innere Energie besser fließen. Achten Sie beim Sitzen auf einem Stuhl darauf, dass Ihre Füße wenn möglich mit den Sohlen ganz den Boden berühren. Dazu ist es notwendig, dass Sie ein bisschen weiter vorne sitzen als sonst. So kann sich Ihre Wirbelsäule leichter aufrichten.

Was mir guttut

Es gibt allerdings auch Tage, da möchte man sich nur noch in einen Sessel kuscheln. Tun Sie sich keinen Zwang an und setzen Sie sich in solchen Fällen nicht unnötig selbst unter Druck. Alle Übungen lassen sich auch wunderbar in einer nicht ganz so korrekten Haltung ausführen. Probieren Sie einfach aus, was Ihnen im jeweiligen Moment guttut; das ist die Hauptsache! Auch beim Stehen hat sich eine aufrechte Haltung bewährt. Versuchen Sie dabei Ihr Steißbein leicht nach unten Richtung Boden sacken zu lassen, das hilft Ihren Schultern und dem Oberkörper, sich besser zu entspannen. Die Füße stehen dabei fest auf der Erde und der Kopf thront locker und zugleich stolz auf dem Hals, als würden Sie eine Krone tragen.

Reflexionen

Eine Reflexion bezeichnet im täglichen Sprachgebrauch einen Prozess des tiefen Nachdenkens und der eingehenden geistigen Beschäftigung und Auseinandersetzung mit einem bestimmten Thema. Dabei kann es sich um philosophische Gedanken handeln oder um Dinge, die unser Herz und unsere Seele bewegen. Aus den daraus gewonnenen Erkenntnissen können Klarheit und Entscheidungskraft wachsen, die unser Leben leichter und lebenswerter machen und manchmal sogar, auf lange Sicht gesehen, von Grund auf ändern. Für unsere Atempausen im Alltag wählen wir nicht allzu komplexe Reflexionsthemen, sondern widmen uns mehr der Leichtigkeit des Seins, die Sie nahezu überall – im Büro, im Bus oder zu

Hause vor dem Küchenherd – üben und ausprobieren können. Zudem ist der Zeitaufwand für die Übungen auch in dieser Kategorie so gering wie möglich gehalten, damit Sie sich nicht zusätzlich unter Druck gesetzt fühlen.
Unter der Rubrik Reflexionen finden Sie außerdem Affirmationen und Visualisierungen, die Ihnen auf Ihrem Weg zu mehr Gelassenheit im Leben hilfreich zur Seite stehen.
Geht es bei den Reflexionen um das gedankliche Herantasten an ein Thema, das Sie in der Tiefe vielleicht schon länger beschäftigt, wie etwa die Frage, was Sie wirklich glücklich macht oder wie Sie kreativer mit Ihrem beruflichen Alltag und Ihrer knapp bemessenen Zeit umgehen können, so verfolgen wir bei den Visualisierungen noch einen anderen Ansatz. Mithilfe von kurzen Fantasiereisen haben Sie beispielsweise die Möglichkeit, in jene Regionen Ihres Körpers zu reisen, die durch Stress und inneren Druck schmerzhaft verspannt sind – um diesen Schmerz dann auf spielerische Weise aufzulösen. Und Sie können sich in Ihrer Fantasie an innere Orte begeben, die frei sind von den alltäglichen Sorgen und Nöten, um dort Kraft zu tanken.

Gedankenreisen

Visualisierungen regen die Fantasie an und machen Ihre innere Welt bunter; sie öffnen Räume in Ihnen, in die Sie sich zurückziehen können, wenn Ihnen mal wieder alles über den Kopf wächst. In Ihrer Fantasie können Sie überallhin reisen, ohne sich von der Stelle zu bewegen. Und Sie können mithilfe von Visualisierungen auch festgefahrene Situationen in Ihrem Alltag sichtbar machen und schließlich sogar umwandeln.

Wunschsätze geben Kraft

Auch Affirmationen – einfache Sätze oder auch Wunschgebete – sind dazu da, um in Ihrem Leben das Positive wieder stärker hervorzuheben. Manchmal liegt der Fokus zu einseitig auf den negativen Dingen; eine kleine Affirmation kann da Abhilfe schaffen und ganz sanft die Tendenz ins Positive wenden. So können Sie sich zum Beispiel kleine

Sätze oder Wünsche ausdenken, um mit ihnen durch den Tag zu gehen. »Möge es mir gut gehen!« oder »Möge ich gelassen und heiter sein!« wären solche liebevoll an sich selbst gerichteten Wünsche, die es Ihnen ermöglichen, sich beschwingter im Alltagsgeschehen zu fühlen. Immer wenn Sie sich in einer Situation befinden, die Ihnen unangenehm ist, die Sie beengt oder die Sie in Stress versetzt – vielleicht an der Kasse im Supermarkt oder im morgendlichen Stau auf der Straße –, dann wiederholen Sie leise den einen oder anderen Wunsch, still an Ihr Herz gerichtet. Solche selbst erdachten Sätze haben eine große Kraft und können sich wie kühler, heilender Balsam auf Ihre Seele und Ihr aufgebrachtes Gemüt auswirken.

Achtsamkeitsübungen

Das Thema Achtsamkeit ist in aller Munde – kein Wunder, hilft es doch stressgeplagten Zeitgenossen, wieder etwas mehr Ruhe ins Leben zu bringen. Genau genommen ist die Achtsamkeit eine traditionelle Form der Meditation, dabei allerdings so nah am Alltag ausgerichtet, dass sie wirklich für jeden Menschen ganz einfach in relativ kurzer Zeit erlernbar ist. Viele namhafte Meditationslehrer aus Ost und West haben sich mit der Achtsamkeit auseinandergesetzt, um sie gerade auch für uns Menschen im Westen praktizierbar zu machen. Doch am schlichtesten bringt ein überlieferter Zen-Spruch die Achtsamkeit auf den Punkt: »Wenn ich gehe, dann gehe ich, wenn ich sitze, dann sitze ich. Und wenn ich esse, dann esse ich.«

Achtsam zu sein bedeutet also, dass Sie mit all Ihren Empfindungen – und auch mit den Gedanken, soweit es Ihnen möglich ist – bei dem sind, was Sie gerade tun. Dieses bewusste Tun bezieht alle alltäglichen Handlungen mit ein; das ist gerade der Clou in der Achtsamkeitsmeditation. Sie sitzen also nicht alleine in einem Raum auf dem Meditationskissen, sondern bewegen sich weiterhin mitten durchs Leben. Achtsamkeit hilft Ihnen, jeden Augenblick des Lebens zu genießen, selbst jene Momente, denen Sie auf Anhieb nicht viel abgewinnen können oder die Ihnen schon so vertraut sind, dass Sie sie gar nicht mehr bewusst wahrnehmen.

Achtsam gehen, essen, arbeiten

Achtsam zu sein bedeutet, in jedem Moment wach und klar zu sein. In diesem Tischaufsteller finden Sie klassische Achtsamkeitsübungen, wie beispielsweise eine vereinfachte Form der traditionellen, buddhistischen Gehmeditation (Übung Nr. 39) oder auch das achtsame Essen, aber auch spielerische Abwandlungen wie den Klinkentrick (Übung Nr. 41). Achtsamkeit möchte alle Sinne ansprechen und lädt Sie ein, nicht nur Ihren Körper mit all seinen Empfindungen neu wahrzunehmen, sondern auch Ihr unmittelbares Umfeld.
Durch Achtsamkeit schaffen Sie sich in jeder Lebenslage stets eine Ruheinsel zum Durchatmen. In den einzelnen Übungen auf den folgenden Seiten finden Sie jeweils eine genaue Anleitung dazu. Grundsätzlich kann man jedoch sagen, dass hinter jeder Achtsamkeitsübung die große Wie-Frage steht. Wie fühlen sich Ihre Fußsohlen auf der Erde an? Wie schmeckt der Apfel? Wie viel Druck üben Sie beim Schreiben auf Ihrer Computertastatur aus?
Dabei sollte sich dieses Wie niemals penetrant in den Vordergrund drängen, sodass Sie gleich wieder unnötig unter Druck geraten, sondern eher sanft nachfragend sein, wie eine leise Stimme im Hintergrund. Die Natur der Achtsamkeit ist stets sanft.

Alle Sinne offen halten

Im Grunde können Sie auch ohne spezielle Übungsanleitung Ihre Achtsamkeit im Alltag – spielerisch und nebenher – auf Schritt und Tritt trainieren. Achtsam sein bedeutet genaues Wahrnehmen unserer unmittelbaren Umgebung. In jedem Moment sind wir uns unseres Lebens gewahr. Wir nehmen ganz genau wahr, was gerade geschieht und können so viel leichter Entscheidungen treffen, die unser Wohlbefinden

fördern und Stress abbauen.
Wenn Sie alle Ihre Sinne offen halten, um bewusst wahrzunehmen, was gerade um Sie herum – aber auch in Ihnen selbst – passiert, dann sind Sie im klassischen Sinne achtsam. Achten Sie beim morgendlichen Gang ins Büro darauf, was Sie sehen, welche Düfte und Gerüche Sie wahrnehmen oder wie sich der Asphalt unter Ihren Füßen anfühlt. Dann sind Sie voll und ganz im gegenwärtigen Augenblick, der Ihnen erlaubt, die Welt um Sie herum so wahrzunehmen, wie sie wirklich ist. Im Alltag achtsam zu sein bedeutet, stets zu wissen, wohin uns unsere Schritte lenken, und zwar im wahrsten Sinne des Wortes. Wie oft bewegen wir uns durch die Welt, ohne wirklich zu wissen, wo wir sind, weil wir mit unseren Gedanken an anderen inneren Orten weilen, die entweder in der Zukunft oder in der Vergangenheit liegen und die mit der Realität da draußen herzlich wenig zu tun haben. Dabei kann das gelegentliche Verweilen in den äußeren Dingen, wenn wir etwa dem Gesang eines Vogels lauschen oder den Wind auf der Haut spüren, so wunderbar wohltuend sein und nebenbei auch noch Ihre Achtsamkeit auf ganz sanfte und natürliche Art und Weise schulen. Aber auch die eigenen Atemzüge wahrzunehmen, während Sie beispielsweise im Bus sitzen, ist eine wunderbare Form des Achtsamkeitstrainings. Sie kann Ihnen dabei helfen, sich innerlich zu sammeln und gelassen zu bleiben, egal welche äußeren Umstände gerade herrschen. Da können Sie es noch so eilig haben, Sie stehen vielleicht eingezwängt zwischen vielen Menschen im Bus – die Beständigkeit Ihres Atems, aber vor allem Ihr waches Beobachten desselben schafft binnen Sekunden eine Insel der Ruhe und Klarheit.

Die Schönheit des Lebens entdecken

Durch die Praxis der Achtsamkeit können Sie lernen, wie Sie und Ihr Körper ticken, dadurch haben Sie nach und nach die Möglichkeit, Gewohnheiten zu ändern und Ihren Alltag liebevoller und schöner zu gestalten.

1 Heilige Pausen

Regelmäßige Pausen sind fast lebensnotwendig, denn sie verhelfen nicht nur zu innerer Ausgeglichenheit und Gesundheit, sondern steigern auch spürbar unsere Lebensqualität.

Sich in dieser hektischen Welt zur rechten Zeit zurückziehen zu können ist etwas sehr Kostbares, aber nicht immer bietet sich im Alltag die Möglichkeit dazu. Und trotzdem verstecken sich in jedem Tagesablauf mehr oder weniger große Pausen, die man für ein stilles Durchatmen nutzen kann – man muss sie nur aufspüren. Suchen Sie sich für diese Übung einen ganz normalen Tag in der Woche aus, um auf »Pausenjagd« zu gehen. Spüren Sie auch die kleinen, unscheinbaren Pausen auf – die Fahrt zur Arbeit mit der Bahn oder das Warten in der Schlange an der Kasse – und erklären Sie sie für »heilig«. Schalten Sie das Handy aus. Lenken Sie zu Beginn einer jeden Pause die Aufmerksamkeit für eine kurze Zeit auf den Atem und beobachten Sie dabei das Heben und Senken der Bauchdecke. Das hilft Ihnen, sich auf den jetzigen Moment bewusst einzulassen. Und dann zelebrieren Sie Ihre Pause, und sei sie auch noch so kurz, als wäre sie etwas ganz Besonderes, ein unverhofftes Geschenk des Universums für Sie ganz alleine!

Schenken Sie sich bereits am Morgen vor dem Frühstück ganz bewusst eine Fünf-Minuten-Pause in Stille, so starten Sie ruhiger in den Tag.

1

Das meiste haben wir gewöhnlich in der Zeit getan, in der wir meinten, nichts getan zu haben.

MARIE VON EBNER-ESCHENBACH

2 *Sich mit anderen freuen – Mudita*

Meditation

In der buddhistischen Tradition gibt es eine Meditationsform, die sich Mudita nennt. Das Wort kommt aus dem Pali und bedeutet Mitfreude. Regelmäßig praktiziert, öffnet Mudita das Herz für andere und bewirkt gleichzeitig ein inneres Ansteigen der eigenen Freude.

Wählen Sie sich für diese Meditation einen ungestörten Ort. Setzen Sie sich aufrecht auf einen Stuhl oder auch in Ihren Lieblingssessel. Schließen Sie für einen Moment die Augen und atmen Sie einige Male tief durch. Nun lassen Sie all jene Menschen langsam vor Ihrem inneren Auge vorüberziehen, die Ihnen ans Herz gewachsen sind: Freunde, Partner, Kinder oder die Eltern. Wählen Sie einen Menschen aus, von dem Sie wissen, dass er im Moment eine glückliche Phase hat – und sei es nur in einem kleinen Bereich seines Lebens. Vielleicht ist er gerade von einer Krankheit genesen oder er ist frisch verliebt. Stellen Sie sich diesen Menschen vor, wie er vor Ihnen sitzt, um Ihnen lachend und strahlend von seinem Glück zu erzählen. Sprechen Sie still für sich die Worte: »Wie schön, dass es dir gut geht. Ich freue mich mit dir! Möge dein Glück lange anhalten!« Versuchen Sie dabei innerlich mitzuschwingen und genießen Sie Ihre eigene Freude dabei.

Je öfter Sie diese Sätze wiederholen, desto mehr kann sich Mudita entfalten. Mit jeder Wiederholung nimmt auch Ihre eigene Freude über diese Mitfreude zu.

Keine Straße ist lang mit einem Freund an der Seite.

RAINER MARIA RILKE

3 Neue Wege gehen

Achtsamkeitsübung

Eingefahrene Wege existieren vor allem in unseren eigenen Denkmustern. Im Alltag bauen wir überwiegend auf Altbekanntes, anstatt uns auf Neues einzulassen. Wie herrlich erfrischend kann es da für Körper und Geist sein, die alten Trampelpfade zu verlassen und sich neuen Sichtweisen und überraschenden Erlebnissen zu öffnen.

Bereits kleine Änderungen im Außen können den Horizont auf ungeahnte Weise erweitern, dazu braucht es lediglich eine Portion Neugierde und Freude am Ausprobieren. Beginnen Sie in der kommenden Woche, sich im tatsächlichen Wortsinn neue Wege zu suchen – und fangen Sie damit bei Ihren täglichen Wegen an. Verlassen Sie zum Beispiel Ihren vertrauten Arbeitsweg oder ändern Sie ihn ein bisschen ab. Suchen Sie sich eine neue Route durch die Stadt oder fahren Sie mit Ihrem Auto ein paar Tage lang nicht den direkten und schnellsten Weg, sondern zuckeln Sie auf Schleichwegen durchs Land, auch wenn Sie dafür ein bisschen früher aufstehen müssen. Wählen Sie noch nicht erkundete Straßen auf Ihrem Weg zum Einkaufen oder unternehmen Sie einen Spaziergang in einem Stadtteil, in dem Sie noch nie waren – und genießen Sie die neuen Blickwinkel, die sich dadurch auftun.

Suchen Sie sich in Ihrem Alltag – ob in der Stadt, im Park oder im Supermarkt – immer wieder neue, kleine Herausforderungen wie diese, um wach und frisch zu bleiben.

Glück liegt nicht darin, dass man tut, was man mag, sondern mag, was man tut.

JAMES MATTHEW BARRIE

4 *Hand aufs Herz*

Vielleicht haben Sie auch schon eine dieser mehr oder weniger komplizierten Hand- und Fingerstellungen auf dem Bild einer bunten indischen Gottheit oder an einer Buddhastatue gesehen. Mudras nennt man diese anmutigen Gesten, die es auch in sehr vereinfachten Formen gibt, und die zum Beispiel helfen können, sich besser zu konzentrieren. Das Wort Mudra stammt aus der altindischen Sprache Sanskrit und bedeutet übersetzt: »Das, was Freude bringt.«

Die folgende einfache Handgeste kennen Sie sicher, wohl jeder von uns hat sie selbst schon einige Male gemacht. Im Alltag geschehen viele Bewegungsabläufe aber oft unbewusst, sodass wir gar nicht richtig in den Genuss eines solchen natürlichen Mudras kommen.

Egal ob Sie gerade sitzen oder stehen, richten Sie nun Ihren Rücken so gerade wie möglich auf. Schließen Sie Ihre Augen – das geht auch sehr gut für einen kurzen Moment im Büro am Schreibtisch oder in der U-Bahn – und legen Sie sanft Ihre rechte Hand auf Ihren Brustkorb. Die Handfläche sollte in etwa über dem Herzen liegen. Atmen Sie dabei einige Male tief ein und aus. Dieses Handauflegen ist eine Geste des Schutzes und signalisiert Ihrem Unterbewusstsein, dass Sie gut auf sich selbst aufpassen.

Leise gesprochene Wörter wie »Ruhe« oder »Stille« verstärken das Gefühl der Gelassenheit, das durch diese Geste eintritt.

Weisheit bedeutet, das Richtige im Leben zu tun und zu wissen, warum.

WILLIAM STAFFORD

5 *Blättermandala*

Achtsamkeitsübung

Mandalas sind wunderschöne und meist prächtig bunte kreisrunde Bilder, die den Betrachter nicht nur zum Träumen anregen wollen. Ein Mandala will Sie mithilfe von Farben und Formen auf verschlungenen Wegen in Ihre eigene Mitte zurückbringen. In manchen religiösen Traditionen sind Mandalas deswegen feste Bestandteile für Gebet und Meditation.

Wenn sich draußen das Laub der Bäume bunt verfärbt, dann ist es Zeit für Herbstspaziergänge in goldener Sonne, sofern das Wetter mitspielt. Doch auch bei Wind und Regen kann Bewegung an der frischen Luft Wunder wirken, etwa um den Kopf frei zu bekommen oder um innerlich ruhiger zu werden – und das gilt natürlich für jede Jahreszeit! Lassen Sie sich während eines Ihrer nächsten Herbstspaziergänge von den Farben der fallenden Blätter zu einem Naturmandala inspirieren. Sammeln Sie die schönsten Blätter für zu Hause, um dort, vielleicht direkt vor der Eingangstüre oder auf einem Fensterbrett im Haus, ein stimmungsvolles Muster zu legen. Auch Beeren, Kastanien oder Nüsse lassen sich zu solch einem Mandala zusammenstellen. Ihrer Fantasie sind keinerlei Grenzen gesetzt.

Sie können ein Mandala auch aus hübschen Steinen oder Zweigen direkt vor Ort legen, beispielsweise am Ufer eines Baches oder am Wegesrand – so erfreuen Ihre Kunstwerke auch andere Spaziergänger.

Wenn wir auf den Moment warten, wo alles, wirklich alles, perfekt ist, werden wir niemals beginnen.

IVAN TURGENEV

6 *Die Perlenkette*

Die schönsten Ereignisse im Leben haben wir auf Fotos festgehalten – andere Glücksmomente existieren allenfalls noch als blasse Bilder im Hinterkopf. Holen Sie nun alle Perlen Ihres Lebens aus dem Gedankenkästchen Ihrer Erinnerung und freuen Sie sich im Alltag daran.

Wenn Sie ein bisschen Zeit haben, nehmen Sie ein Blatt Papier und einen Stift und suchen sich ein ruhiges Plätzchen, fern von Hektik und Stress. Begeben Sie sich dann auf eine kleine Zeitreise in die Vergangenheit und schreiben Sie alle schönen Momente Ihres Lebens stichpunktartig auf:

- unvergessliche Feste mit Freunden
- Ihre Hochzeit oder die Taufe Ihres Kindes
- eine Liebeserklärung oder die Umarmung eines geliebten Menschen
- die Freundin, die Sie am Krankenbett versorgt und getröstet hat

Stellen Sie sich nun vor, dass jede dieser Erinnerungen eine wunderschöne Perle ist, die Sie an einem seidenen Band auffädeln. Gestalten Sie damit Ihre eigene, für andere unsichtbare Perlenkette, die Sie jederzeit anlegen können, wenn Ihnen danach ist. An grauen Tagen gibt Ihnen die Glücksperlenkette Kraft und Zuversicht.

Wenn Sie die Glücksmomente auf kleine Zettel schreiben und diese tatsächlich auf eine Schnur auffädeln, haben Sie eine echte »Glücksperlenkette«, die Sie immer wieder anschauen können.

Jedes Lachen ist eine kleine Erleuchtung.

ARTHUR SCHOPENHAUER

7 *Rauchzeichen*

Achtsamkeitsübung

In vielen Gegenden Deutschlands wurden in früheren Zeiten sogenannte »dunkle Energien« mithilfe von Rauch vertrieben. Dazu hat man wohlriechende Hölzer wie etwa Wacholder angezündet und in einer eisernen Räucherpfanne durchs Haus getragen. Heute sind aromatische Räucherstäbchen an die Stelle von Wacholder, Harz und anderen Naturmaterialien getreten.

Es gibt Zeiten, da hat man das Gefühl, dass einem selbst in den eigenen vier Wänden das Durchatmen schwerfällt. Hektik und Stress scheinen sich sogar in den Vorhängen eingenistet zu haben. Besorgen Sie sich für solche Tage einige Räucherstäbchen. Wählen Sie einen Duft, der Ihnen gefällt – in einer leichten, frischen Note. Schließen Sie die Fenster und zünden Sie eines der Räucherstäbchen an. Halten Sie dabei einen kleinen Teller unter das Stäbchen, um den Boden vor herabfallender Asche zu schützen. Nun wandern Sie mit dem duftenden Stäbchen durch alle Räume. Wünschen Sie sich im Stillen, dass der Rauch nun alle negativen Energien mit sich forträgt, um Frische und Leichtigkeit zurückzulassen. Öffnen Sie dann die Fenster, damit der Rauch abziehen kann; nur der Duft bleibt zurück.

Das Verräuchern von getrockneten Heilkräutern kann gegen Missstimmungen, gegen Müdigkeit und viele Krankheiten helfen. Informieren Sie sich in Büchern zum Thema, welches Kraut wofür gewachsen ist.

Was man verstehen gelernt hat, fürchtet man nicht.

MARIE CURIE

8 *Mich kann nichts erschüttern – der Berg*

Meditation

Der Berg ist eine leicht auszuführende Yogastellung, die Sie sogar im Büro praktizieren können. Er beruhigt und verhilft zu einer aufrechten Körperhaltung, was sich wiederum in Gelassenheit und Geistesruhe niederschlägt.

Stellen Sie sich aufrecht auf den Boden, die Beine geschlossen. Versuchen Sie Ihre Wirbelsäule so gerade wie möglich zu halten und vollständig aufzurichten. Achten Sie darauf, dass Ihr unterer Rücken kein Hohlkreuz bildet und dass sich Ihr oberer Rücken nicht rundet.
Neigen Sie nun ganz leicht den Kopf nach vorne, sodass sich Ihr Kinn minimal Richtung Brustbein bewegt. Lassen Sie Ihre Augen sanft in den Höhlen ruhen und richten Sie Ihren Blick geradeaus. Stellen Sie sich vor, dass Ihr Körper ein mächtiger und majestätischer Berg ist, dessen hoher Gipfel bis in die Wolken ragt. Sie können durch nichts erschüttert werden; solide und fest stehen Sie auf der Erde, die Sie sicher trägt. Ihr Kopf ist erhaben und frei von unnötigen Gedanken und Sorgen. Sie sind ruhig und gelassen.

Diese Yogastellung aktiviert den Energiefluss im Kopf, das sogenannte Scheitelchakra. Sie können während dieser Übung zusätzlich einen bestärkenden Satz sprechen, der hilft, Ihre mentale Energie ins Fließen zu bringen: »Ich bin mir meiner selbst bewusst und öffne mich dem Himmel, mit all seinen freundlichen Energien.«

8

Wir haben keinen Grund, gegen unsere Welt Misstrauen zu haben, denn sie ist nicht gegen uns.

RAINER MARIA RILKE

9 *Abwarten und Tee trinken*

Meditation

Bereiten Sie sich Ihren Lieblingstee zu – es kann natürlich auch Kaffee sein. Versuchen Sie schon während der Zubereitung, die Vorfreude wahrzunehmen, die in Ihrem Körper aufsteigt.

Setzen Sie sich mit Ihrer Tasse Tee an einen Ort, den Sie besonders gerne mögen: den Lieblingsstuhl in der Küche, die windgeschützte Nische auf dem Balkon oder die gemütliche Sofaecke. Fühlen Sie das Innere Ihrer Handflächen und der Finger, die sich um die angenehm warme Tasse schmiegen. Vielleicht entspannt sich nun bereits ganz sanft Ihr Körper.
Schauen Sie einen Augenblick lang zu, wie der Dampf in zarten Kräuseln aus der Tasse hochsteigt und sich dann im Raum verflüchtigt. Nun tun Sie so, als sei jeder einzelne Schluck Tee etwas ganz Seltenes und Kostbares, nicht jeden Tag verfügbar und nur für besondere Gelegenheiten gedacht. Genießen Sie bewusst, wie das heiße Getränk durch Mund und Kehle fließt und sich anschließend warm und wohlig in jeder Zelle Ihres Körpers auszubreiten scheint. Es gibt keinen einzigen Grund, weswegen dieser Moment des Teetrinkens weniger wertvoll sein sollte als irgendein anderer Augenblick Ihres Lebens.

Wunderbar beruhigende Wirkung haben Tees aus Melisse, Zitronenverbene oder Lavendel. Ingwer und Salbei wärmen und reinigen, während ein Tee aus Apfelschalen und Hagebutten erfrischt und neue Energie schenkt.

*Solange du nach dem Glück jagst,
bist du nicht reif zum Glücklichsein.*

HERMANN HESSE

10 *Eins, zwei, drei – Atemholen*

Der Sauerstoff, die Luft zum Atmen – das ist das Elixier, das uns am Leben erhält. Unser Atem ist ganz eng an unsere Existenz geknüpft – der Körper kann ohne ihn nicht überleben. Die Art und Weise wie wir atmen zeigt uns bei genauerem Hinsehen zudem an, wie es um unser Innerstes bestellt ist: Sind wir angespannt, verkrampft oder locker? All das erkennt man am Fluss des Atems. Diese kleine Meditation hilft Ihnen, sich den Vorgang des eigenen Atmens klarer ins Bewusstsein zu bringen.

Setzen Sie sich in aufrechter Position auf einen Stuhl oder auf ein Sitzkissen. Schließen Sie die Augen und lassen Sie die Hände auf den Oberschenkeln ruhen. Richten Sie nun Ihre Aufmerksamkeit dorthin, wo Sie den Atem am besten spüren können: die Bauchdecke, den Naseneingang oder das Heben und Senken des Brustkorbs. Atmen Sie ein, ohne den Atem dabei zu beeinflussen – lassen Sie ihn frei fließen. Sprechen Sie beim Ausatmen im Stillen die Zahl »eins«. Fahren Sie so fort bis »zehn«, dann beginnen Sie wieder von vorne. Wiederholen Sie diesen Zyklus dreimal täglich, am besten jeweils morgens und abends. Bleiben Sie dabei stets aufmerksamer Beobachter Ihres Atmens.

Mit der Zeit können Sie den Atem während eines Zyklus bewusst in den Bauch lenken, das macht ihn tiefer, entspannt den Körper und beruhigt den Geist.

Alles, was du zurücklässt,
findest du in anderer Form wieder.

TIBETISCHE WEISHEIT

11 Der innere Wunschzettel

Reflexion

In unseren Herzen tragen wir alle mehr oder weniger erfüllbare Wünsche und Träume mit uns herum. Da gibt es die kleinen Sehnsüchte, die leichter umzusetzen sind. Aber tief in uns brennen auch noch die ganz großen Lebensträume, die ebenfalls darauf warten, in Erfüllung zu gehen.

Für diese schöne Übung benötigen Sie ein wenig Zeit für sich alleine. Suchen Sie sich einen Platz, an dem Sie sich wohlfühlen und an den Sie sich gerne zurückziehen, um ungestört zu sein – vielleicht draußen in der Natur. Machen Sie es sich gemütlich und entspannen Sie sich so gut es geht. Nun lassen Sie aus den Tiefen Ihres Herzens all jene großen Wünsche aufsteigen, die Sie schon lange begleiten und von denen Sie glauben, dass sie unerreichbar sind:

- ein liebevoller, zärtlicher Partner
- ein Häuschen im Grünen mit eigenem Garten
- mit dem Jeep die Sahara zu durchqueren

Scheuen Sie sich nicht, all diese unerfüllten Träume zuzulassen und stellen Sie sich dabei vor, dass Sie sie auf einem unsichtbaren Zettel notieren. Bewahren Sie diesen Wunschzettel wie einen Lichtblick in Ihrem Herzen auf. Träume sind dazu da, gelebt zu werden!

Überlegen Sie sich, was gegen die Erfüllung Ihrer Wünsche spricht. Vielleicht lässt sich ja die eine oder andere Hürde leichter auflösen als Sie denken, sodass Sie Ihrem Traum ein Stückchen näherkommen können.

Wenn man mit Flügeln geboren wurde, sollte man alles dazu tun, sie zum Fliegen zu benutzen.

FLORENCE NIGHTINGALE

12 Das Herz hüpfen lassen – einen Tag lang wieder Kind sein

Achtsamkeitsübung

Im Laufe unseres Lebens, wenn wir erwachsen und »vernünftig« werden müssen, verlieren wir jenes kindliche Staunen, das uns die Welt am Anfang so wundersam erstrahlen ließ. Wir werden nüchtern und rational, und die Fähigkeit der reinen Freude kommt uns abhanden, wie auch unsere natürliche Neugierde auf die Schönheiten und kleinen Geheimnisse um uns herum.

Suchen Sie sich einen Tag in der kommenden Woche aus, an dem Sie wieder zum Kind werden. Lassen Sie Ihrem Herzen und Ihrem Spieltrieb freien Lauf und machen Sie all die kleinen, verrückten Sachen, für die man eigentlich schon viel zu alt und zu erwachsen ist – fahren Sie im Winter einmal wieder Schlitten und tollen Sie ausgelassen im frisch gefallenen Schnee herum. Wann haben Sie zuletzt mit Ihren Armen und Beinen einen Schneeengel in glitzerndes Weiß gezeichnet? Schaukeln Sie auf dem Spielplatz, bis Ihnen schwindelig wird und hüpfen Sie mit einem lauten Juchzer in einen herbstlichen Laubhaufen. Lassen Sie Ihre Fantasie frei fließen und nehmen Sie Ihr inneres Kind an die Hand, um mit ihm gemeinsam einen Tag lang die Welt wieder durch seine Augen zu sehen. Sie werden sich wie befreit fühlen von den Sorgen des Alltags – leicht, fröhlich und unbeschwert wie in Kinderzeiten.

Suchen Sie sich für den Tag einen »Spielkameraden« – egal ob jung oder alt –, denn zu zweit ist es noch schöner!

Lachen und Lächeln sind Tore und Pforten, durch die viel Gutes in den Menschen hineinhuschen kann.

CHRISTIAN MORGENSTERN

13 *Tanzende Seifenblasen – eine Schmerzmeditation*

Meditation

Mit Schmerzen sind wir alle schon einmal in Berührung gekommen – niemand bleibt davon verschont. Auch eine Atempause von einem Schmerzzustand ist möglich! Gezielte Meditation kann helfen, Schmerzen erträglicher zu machen oder sogar ganz aufzulösen.

Suchen Sie sich für diese Übung einen ruhigen Platz im Liegen, decken Sie sich zu und lassen Sie sich dann regelrecht in Ihrem Körper nieder. Sinken Sie in ihn hinein und atmen Sie dabei mehrmals hintereinander bewusst ein und aus. Versuchen Sie zu spüren, wo genau Sie in diesem Moment Schmerz erfahren. Tasten Sie sich langsam mit Ihrer Aufmerksamkeit an diesen schmerzhaften Ort. Vielleicht finden Sie sogar mehrere Schauplätze des Schmerzes. Färben Sie in Ihrer Fantasie diese Regionen rot ein und lassen Sie dann mit der Aufmerksamkeit ab. Nun richten Sie Ihren Fokus auf jene Regionen, die sich entspannt und leicht anfühlen. Atmen Sie dort hinein und färben Sie sie himmelblau.
Fassen Sie dann das Gesamtbild ins Auge und lassen Sie in Ihrer Vorstellung das Rot des Schmerzes sich wie Seifenblasen im unendlichen Blau des Himmels auflösen.

Fragen Sie beim Lokalisieren Ihren Schmerz liebevoll, was er Ihnen sagen will. Dann erst schicken Sie die Seifenblase ins Blaue. Gehen Sie in den nächsten Tagen sehr sanft mit dieser Region um.

Bete nicht um eine leichtere Last,
sondern um einen stärkeren Rücken.

TERESA VON AVILA

14 Sich selbst beschenken

Oft vergessen wir, dass es im Grunde die kleinen Dinge des Lebens sind, an denen wir uns besonders erfreuen und die uns glücklich machen. Doch meistens warten wir vergebens darauf, dass andere Menschen, vor allem die uns Nahestehenden, uns unsere Wünsche, und seien sie noch so klein, von den Augen ablesen.

Dabei wäre es doch ein Leichtes, uns selbst zu den einfachen Freuden des Lebens zu verhelfen. Beschenken Sie sich in der kommenden Woche doch einmal ausschließlich selbst – erfüllen Sie sich all jene kleinen Herzenswünsche, die Sie sonst vielleicht klammheimlich an Ihren Lebenspartner oder an die Familie richten. Kaufen Sie sich selbst einen großen, bunten Blumenstrauß oder wagen Sie das Abenteuer, einmal ganz alleine in ein Restaurant zu gehen, um sich selbst zu einem Gourmet-Menü einzuladen. Stellen Sie sich vor Ihren Badezimmerspiegel und lächeln Sie Ihrem eigenen Antlitz zu. Schenken Sie sich ein Kompliment: »Siehst Du heute hübsch aus!«, »Du hast wunderschöne Augen, meine Süße!« Oder überreichen Sie sich selber eine Tüte feinste Pralinen oder eine Kinokarte.

Ziehen Sie los und schenken Sie jemandem, der es überhaupt nicht von Ihnen erwartet – vielleicht der Nachbarin, die im Urlaub immer Ihre Blumen gießt – ein paar Blümchen. Die Freude der Beschenkten kommt vielfach zu Ihnen zurück!

Am meisten schenkt, wer Freude schenkt.

MUTTER TERESA

15 Der Lichtkokon

Reflexion

In einer Welt voller Hektik und Reizüberflutungen aller Art fällt es vielen von uns immer schwerer sich abzugrenzen. Die Folgen sind Gereiztheit und innere Unruhe bis hin zum leidvollen Burn-out. Mithilfe von imaginären Schutzmauern ist es möglich, sich zumindest ab und zu vor allzu ungesunden Energien des Alltags zu schützen.

Üben Sie diesen Schutzmechanismus zunächst zu Hause ein, am besten abends im Bett vor dem Einschlafen. Begeben Sie sich dazu in Ihre bevorzugte Einschlafposition und entspannen Sie sich. Atmen Sie mehrmals bewusst durch, um innerlich ruhig und friedlich zu werden. Stellen Sie sich vor, dass nun eine Fee in Ihr Schlafzimmer tritt – aus ihrem Zauberstab strömt sanftes blaues Licht, das wie ein durchscheinender Kokon Ihren Körper umhüllt. Dieser Lichtkokon trennt Sie von allem Unangenehmen, das von außen an Sie herantreten möchte; er beschützt Sie, ohne dass Sie sich von der Welt abgeschnitten fühlen müssen. Nach ein paar Tagen Übung können Sie Ihren Lichtkokon mit in die Welt hinausnehmen. Wann immer Sie sich von nun an im Alltag abgrenzen wollen, lässt er sich mithilfe der Fee binnen Sekunden heraufbeschwören. Das kann im dichten Gedränge im Bus sein ebenso wie in einer unangenehmen Gesprächssituation im Büro.

Ein Lichtschild, das sich in Ihrer Vorstellung direkt vor dem Herzen bildet, hat die gleiche schützende Wirkung.

Das wunderbarste Märchen ist das Leben selbst.

HANS CHRISTIAN ANDERSEN

16 Blumengießen

Achtsamkeitsübung

Nicht nur die Blumen im Garten dürsten nach Wasser, auch wir Menschen sehnen uns danach, liebevoll genährt zu werden – nicht nur unser Körper, sondern auch die Seele. Laden Sie für diese Übung des Zen-Meisters Thich Nhat Hanh Ihren Partner oder auch den besten Freund oder die Freundin ein, um sich gegenseitig zu »begießen«.

Setzen Sie sich bequem gegenüber und nehmen Sie sich genügend Zeit füreinander. Einer von Ihnen beiden ergreift nun zuerst das Wort, ohne vom anderen unterbrochen zu werden. »Gießen« Sie die »Blume«, die da vor Ihnen sitzt, mit allem Positiven, was Ihnen zu ihr einfällt. Sparen Sie nicht mit Komplimenten und lassen Sie all Ihre Freundlichkeit und Liebe für Ihr Gegenüber durchs Herz fließen. Was schätzen Sie an diesem Menschen, der vielleicht schon seit vielen Jahren an Ihrer Seite ist? Wofür sind Sie dankbar und was berührt Sie am anderen? Gibt es Dinge, die Sie Ihrer Freundin in all den Jahren noch nie gesagt haben? Mit welchen Worten könnten Sie Ihrem Ehepartner eine Freude machen? Wir sagen dem anderen viel zu selten, wie gerne wir ihn haben, dabei haben schon ein paar wenige freundliche Sätze eine große Wirkung. Nach ein paar Minuten wird gewechselt, denn nun ist Ihr Partner mit »Blumengießen« dran.

Regelmäßiges »Blumengießen« einmal die Woche kann besonders in langjährigen Partnerschaften Wunder wirken.

Man muss kribbeln von Gefühl bis in die Fingerspitzen.

OTTO MODERSOHN

17 Dankeschön!

Als Kinder werden wir in der Regel dazu angehalten, Danke zu sagen, wenn wir etwas überreicht bekommen oder beschenkt werden. Als Erwachsene bedanken wir uns zwar auch weiterhin höflich bei anderen Menschen, doch das Dankeschön an sich ist oft zur reinen Floskel geworden. Wir empfinden nicht mehr diese prickelnde, kindliche Freude.

Fangen Sie an, sich im Stillen so oft wie möglich zu bedanken: für die Sonne, die den Tag erwärmt oder für die Farbenpracht der Blumen. Sagen Sie dem Universum oder einer höheren Macht, an die Sie glauben, einfach Dankeschön dafür, dass Sie am Leben sind. Können Sie fühlen, wie Ihnen das Herz dabei aufgeht? Es gibt tausend Gründe sich zu bedanken! In allen großen Religionen hat der Dank einen besonderen Stellenwert, auch im Christentum. Es ist Tradition, sich bei einer höheren, göttlichen Macht zu bedanken – und zwar nicht nur für die Wünsche, die bereits in Erfüllung gegangen sind.

Dieses uralte Ritual in unserem Alltag erneut aufleben zu lassen, macht das Leben mit einem Mal wieder kostbar und lebenswert.

Bedanken Sie sich im Alltag wieder öfter bei anderen, etwa wenn Ihnen jemand den Vortritt lässt oder bei einer freundlichen Verkäuferin, die Sie besonders nett bedient hat. So schenken Sie auch Ihren Mitmenschen ein positives Erlebnis.

Monde und Jahre vergehen, aber ein schöner Moment leuchtet das Leben hindurch.

FRANZ GRILLPARZER

18 *Ich neige mich der Erde entgegen – die Vorbeuge*

Meditation

Die Vorbeuge ist eine uralte Energieübung, die bereits von tibetischen Mönchen vor vielen hundert Jahren praktiziert wurde. Man sagt dieser klassischen Yogastellung eine extrem verjüngende Wirkung nach. Außerdem symbolisiert sie durch die Geste des Verneigens Ehrfurcht und Dankbarkeit der Erde gegenüber, die uns tagein und tagaus geduldig trägt.

Stellen Sie sich aufrecht auf den Boden und schließen Sie die Beine. Strecken Sie Ihre Arme nach oben, die Handflächen wie zum Gebet aneinandergelegt. Atmen Sie tief ein und bewegen Sie sich beim Ausatmen langsam mit dem Oberkörper nach vorne, bis Sie – wenn möglich – mit den Händen oder den Fingerspitzen den Boden berühren. Setzen Sie sich dabei nicht unter Druck, sondern beugen Sie sich nur so weit nach vorne, wie es Ihnen möglich ist. Richten Sie Ihre Aufmerksamkeit auf Ihre Wirbelsäule und beobachten Sie deren sanfte, allmähliche Bewegung nach unten. Schultern und Kopf bleiben locker und entspannt, während Sie nun einige Augenblicke in dieser Stellung verharren. Beim nächsten Einatmen wieder ganz langsam und bewusst, Wirbel für Wirbel, nach oben kommen.

Die Vorbeuge aktiviert den Solarplexus, das Nervenzentrum im Oberbauch, und fördert die innere Stabilität. Sie wirkt auf den gesamten Organismus beruhigend und ist eine sanfte Hilfe bei Antriebslosigkeit.

Anmut ist großer Glanz von innen.

RAINER MARIA RILKE

19 Was mich glücklich macht

Reflexion

Jeden macht etwas anderes glücklich, doch einige Dinge gibt es, die bei sehr vielen Menschen ganz oben auf der Wunschliste stehen. Gesundheit oder eine erfüllte Partnerschaft wünschen sich die meisten für ihr Leben. Und manchmal gehen unsere großen Erwartungen sogar in Erfüllung. Neben diesem großen Glück fristet das »kleine Glück« ein eher stilles Dasein in unser aller Leben, wir übersehen es häufig.

Nehmen Sie sich in einer ruhigen Minute Zeit, darüber nachzudenken, was es für Sie ganz speziell braucht, um glücklich zu sein. Nicht der Traummann oder die Traumfrau sind allerdings jetzt gefragt und auch nicht der rote Flitzer aus dem Autohaus, sondern nun geht es um die kleinen Dinge des Lebens. Was macht Sie glücklich? Ist es die erste Tasse Kaffee am Morgen oder das Lächeln Ihres Kindes? Achten Sie einmal ganz bewusst darauf. Was braucht es noch, damit Sie glücklich sind? Und wie können Sie es verwirklichen? Wo stehen Sie sich selbst im Weg? Wäre es nicht schön, wenn etwa der Streit mit dem Nachbarn beigelegt würde? Klingeln Sie doch einfach mit einer Flasche Sekt an seiner Türe! Tun Sie den ersten Schritt, es ist leichter, als Sie denken. Manchmal braucht es nur ganz wenig, um dem Glück ein Stückchen näher zu rücken.

Fertigen Sie eine Glücksliste an, die Sie regelrecht abhaken können, wenn Sie etwas verwirklicht haben.

Wer andere kennt, ist klug,
wer sich selbst kennt, ist weise.

LAOTSE

20 *Das eingerollte Blatt*

Meditation

Das eingerollte Blatt ist eine Übung aus dem Yoga, die auch unter dem Namen »Die Stellung des Kindes« bekannt ist. Sie ist eine klassische Ruheposition, die den Rückzug in sich selbst symbolisiert, damit man danach wieder kraftvoll und erfrischt dem Leben gegenübertreten kann.

Knien Sie sich mit aufrechtem Oberkörper auf den Boden, das Gesäß ruht dabei auf den Fersen, die Hände liegen entspannt auf den Oberschenkeln. Nun beugen Sie den Oberkörper so weit nach vorne, dass die Stirn den Boden berührt und Ihr Körper eine in sich geschlossene Einheit bildet. Legen Sie die Arme seitlich neben den Körper, die Handflächen weisen nach oben. Schließen Sie die Augen und entspannen Sie Rücken- und Schultermuskulatur, so gut es geht. Das eingerollte Blatt aktiviert unter anderem sanft den sensiblen, aber auch kraftvollen Bereich des Sonnengeflechts im Oberbauch, das von seinem Energiefluss her für die Stärkung des Ichgefühls, für Mitgefühl und Sensibilität zuständig ist. Hier sitzt auch das Nabelchakra, ein Energiezentrum, das für ein Leben in Fülle und Ausgeglichenheit sorgt. Bleiben Sie eine Weile in der eingerollten Position – aber nur, solange Sie es als angenehm empfinden – bevor Sie mit dem Oberkörper langsam wieder nach oben kommen.

Stellen Sie sich während der Übung die Farbe Gelb vor. Sie ist dem Nabelchakra zugeordnet und unterstützt den freien Energiefluss.

20

Ich vermute, dass wir nur sehen, was wir kennen.

FRIEDRICH NIETZSCHE

21 *Das Herz für andere öffnen*

Achtsamkeitsübung

Oft laufen wir im Alltag wie mit Scheuklappen durchs Leben, ohne je wirklich nach rechts oder links zu schauen oder gar einem Entgegenkommenden offen ins Gesicht zu blicken – wir sind vollkommen absorbiert von der Arbeit und unseren eigenen Belangen. Dabei wäre es ein Leichtes, sich mit anderen Menschen zu verbinden – und sei es auch nur für einen kurzen Augenblick.

Suchen Sie sich einen ganz normalen Tag in der Woche aus, an dem Sie all jene Dinge zu verrichten haben, die sonst auch anfallen. Wählen Sie aus diesem Tag eine einzelne vertraute Wegstrecke aus, um eine kleine Übung zu praktizieren – das kann der Weg zum Bus morgens sein, der Sie täglich zur Arbeit bringt, oder die kurze Strecke zum Bäcker nebenan. Senken Sie heute nicht den Blick, sondern versuchen Sie Ihr Herz weit zu öffnen, indem Sie jeden Menschen, der Ihnen entgegenkommt, offen anlächeln. Falls Sie sich dafür zu schüchtern fühlen, können Sie Ihr Lächeln auch nach innen richten, um nur mit den Augen kurz Kontakt aufzunehmen. Diese kleine Übung verhilft Ihnen im Handumdrehen zu einem Gefühl der Zusammengehörigkeit – wir sind nicht alleine auf dieser Welt.

Wenn Sie mögen, dann wünschen Sie den Menschen, denen Sie begegnen, noch zusätzlich – still für sich gesprochen – einen schönen Tag. Das erhöht das eigene Wohlbefinden um ein Vielfaches.

Im Herzen eines Menschen ruht der Anfang und das Ende aller Dinge.

LEO NIKOLAJEWITSCH GRAF TOLSTOI

22 Guten Morgen!

Achtsamkeitsübung

Wenn wochentags der Wecker klingelt, springen wir meist mehr oder weniger schnell aus dem Bett und starten dann sofort in den Tag. Selbst an den Tagen, an denen wir ausschlafen können, nehmen wir uns in der Regel keine Zeit, den neuen Tag ruhig und angemessen zu beginnen; wir sind beim Aufstehen meist in Gedanken innerlich schon ganz woanders.

Bleiben Sie morgens nach dem Aufwachen noch einen Moment im Bett liegen. Drehen Sie sich auf den Rücken und öffnen Sie sachte die Augen. Strecken und räkeln Sie sich genüsslich wie eine Katze und atmen Sie dabei tief und gleichmäßig ein und aus – begrüßen Sie den neuen Tag herzlich und gebührend: »Guten Morgen, lieber Tag, wie schön, dass du da bist!« Oder heißen Sie das Leben an sich jeden Tag aufs Neue von ganzem Herzen willkommen: »Hallo, liebes Leben, komm und nimm mich bei der Hand; zeig mir den Tag!« Auch Ihr Körper, das Haus, das Sie bewohnen, freut sich über ein paar freundliche Worte vor dem Aufstehen: »Guten Morgen, mein Lieber, ich danke dir, dass du heute wieder zum Leben erwacht bist! Mögest du gesund und freudig durch diesen neuen Tag kommen!«

Ein kurzes Innehalten am frühen Morgen und noch im wohlig warmen Bett bewirkt, dass Körper und Seele den neuen Tag einen Tick entspannter und gelassener beginnen können. Probieren Sie es aus!

Nur der Tag bricht an, für den wir wach sind.

HENRY DAVID THOREAU

23 *Der Knopf im Portemonnaie*

Achtsamkeitsübung

Kleine Anker und Brücken im Alltag können äußerst hilfreich sein, um sich sogar in großer Anspannung an belebende Atempausen zu erinnern. Nur wir selbst sind verantwortlich für die Gesundheit unseres Körpers und unserer Seele.

Für diese Atempause wird nun ein Knopf zweckentfremdet. Sie können aber auch einen kleinen Kieselstein nehmen oder Sie wählen eine auffallende Münze mit fremder Währung – Hauptsache, der Gegenstand passt locker in Ihren Geldbeutel. Doch bevor Sie Ihren Knopf im Portemonnaie versenken, wird er mit einem kleinen Vorsatz verknüpft, der durch den Knopf nun nicht mehr in Vergessenheit geraten kann – ähnlich dem berühmten Knoten im Taschentuch! Stehen Sie dann an der Kasse des Supermarkts, so wird Sie der Knopf beispielsweise daran erinnern, dass Sie nun tief durchatmen dürfen. Vielleicht schenken Sie sich auch selbst ein Lächeln, streicheln sich kurz liebevoll mit der Hand über den Arm oder werfen sich innerlich eine verspielte Kusshand zu. Ihrer Fantasie sind keine Grenzen gesetzt. Natürlich können Sie Ihren Erinnerungsknopf auch in die Manteltasche stecken.

Nehmen Sie sich für Ihren Knopf oder sonstigen Erinnerungsgegenstand nichts Großes vor, das setzt Sie nur unnötig unter Druck: Bewusstes Ein- und Ausatmen oder ein liebevoller Gedanke – an Ihr eigenes Herz gerichtet – reichen vollkommen aus.

Die wahre Entdeckungsreise besteht nicht darin,
neue Landschaften zu entdecken,
sondern mit neuen Augen zu sehen.

MARCEL PROUST

24 *Der innere See*

Reflexion

Nicht jeder von uns hat das Glück, umgeben von wunderschöner Natur und in angemessener Stille zu wohnen. Wir leben oftmals in großen Städten, an lauten Straßen oder in lärmender Nachbarschaft. Dabei ist es für unser inneres Gleichgewicht sehr wichtig, Rückzugsmöglichkeiten zu haben, damit wir uns dem Alltag täglich voller Kraft neu stellen können.

Doch mit ein bisschen Fantasie ist es auch einem eingefleischten Großstadtindianer möglich, sich an einen beschaulichen Ort zurückzuziehen, um seine Batterien wieder aufzuladen. Suchen Sie sich dazu einen angenehmen Platz, an dem Sie ungestört sind. Setzen Sie sich bequem, aber so aufrecht wie möglich hin. Schließen Sie die Augen und atmen sie mehrmals entspannt ein und aus.

Begeben Sie sich nun mithilfe Ihrer Fantasie hinaus in die Natur und stellen Sie sich vor, dass Sie am Ufer eines Sees sitzen, dessen Wasser glasklar vor Ihnen liegt. Blicken Sie hinaus aufs Wasser und lassen Sie Ihren Blick sanft auf dessen Oberfläche ruhen. Nehmen Sie die natürliche Ruhe, die der See ausstrahlt, tief in sich auf. Schauen Sie zu, wie sich der blaue Himmel im ruhigen, glatten Wasser spiegelt und übergeben Sie Ihre Gedanken seinen unendlichen Weiten.

Auch andere innere Landschaften können Ihnen helfen, zur Ruhe zu kommen. Wählen Sie sich Ihre bevorzugte Landschaft aus – ob Hochgebirge oder Meeresküste.

Wenn du dich entspannst und es dir bequem machst, kannst du überallhin reisen.

TAOISTISCHE WEISHEIT

25 *Das Licht des Herzens*

Unser Herz ist nicht nur der Motor, der uns am Leben erhält, es symbolisiert auch den Ort, an dem unsere tiefsten Gefühle zu Hause sind. Das Herz kann durch Schmerz und Trauer gebrochen werden, aber es kann auch durch unbändige Lebenslust und Freude schier bersten. Wir alle tragen alte Wunden in uns, die unser Herz einst verletzt haben – keiner ist verschont geblieben.

Nehmen Sie sich für diese Übung eine kleine Auszeit. Stellen Sie sich aufrecht hin, die Beine geschlossen. Machen Sie die Augen zu und stellen Sie sich vor, dass alle Verletzungen – aber auch die freudigen Momente in Ihrem Leben, die Ihr Herz aufgebrochen haben – Risse in der Herzhaut verursachten, durch die nun ein sanftes, goldgelbes Licht strahlt. Dieses Licht bildet direkt vor Ihrem Körper einen großen, schimmernden Kreis, Ihren Herz-Licht-Kreis. Heben Sie die Arme gestreckt in die Höhe und senken Sie sie langsam links und rechts vom Körper, indem Sie den Kreis vor Ihnen mit den Händen nachzeichnen, bis sich die Hände unten treffen und dort eine Schale bilden, die den Herzenskreis ein paar Atemzüge lang tragen. Machen Sie das Ganze dreimal und lassen Sie sich dabei so viel Zeit wie möglich – dann sind Sie mit Ihren Gedanken ganz bei sich.

Das Licht des Herzens wirkt ganz wunderbar beruhigend; Sie können die Übung zum Beispiel zur Bettgehzeit, kurz vor dem Einschlafen, praktizieren.

Welch eine himmlische Empfindung ist es, seinem Herzen zu folgen.

JOHANN WOLFGANG VON GOETHE

26 *Sich selbst ein Lächeln schenken*

Reflexion

Können Sie sich daran erinnern, wann Ihnen zuletzt ein Fremder oder ein Ihnen nahestehender Mensch ein Lächeln aus tiefstem Herzen geschenkt hat? Ist das vielleicht schon eine Weile her und geschieht das viel zu selten?

Der vietnamesische Zen-Meister Thich Nhat Hanh schafft da durch eine wundervolle kleine Meditation Abhilfe. Schenken Sie sich einfach selbst ein Lächeln! Eigentlich sollte man entspannt liegen, während man jedem Körperteil und auch den einzelnen Organen ein Lächeln schickt. Doch mit ein bisschen Übung klappt das auch in jeder anderen Position, ob im Auto an der Ampel, am Arbeitsplatz oder am heimischen Küchenherd. Wenn es also gerade möglich ist, schließen Sie die Augen und versuchen sich zu entspannen. Nun zaubern Sie ein leises Lächeln auf Ihre Lippen – nehmen Sie dabei ruhig eine schöne Erinnerung zu Hilfe, wenn das nicht gleich auf Anhieb klappen sollte. Statt dieses Lächeln jetzt in die Welt hinauszuschicken, senden Sie es nach innen in Ihren Körper. Verschenken Sie Ihr Lächeln an Ihr Herz, an Ihren Bauch oder schicken Sie es auf Wanderschaft durch den gesamten Körper. Spüren Sie, wie Sie innerlich weit werden und aufatmen, von warmem Glück durchströmt.

Ein lächelndes Gesicht in der Öffentlichkeit – in Bus oder Bahn oder auf der Straße – kann andere Menschen zum Lächeln animieren und so wieder Ihr Herz beschenken.

Aus den Augen lächeln. Aus dem Scheitel lächeln.
Aus dem Herzen lächeln.

ALTE CHINESISCHE WEISHEIT

27 *Mein Freund, der Baum*

Meditation

Bäume sind schon seit Urzeiten nahe Freunde des Menschen. Mit seinen Wurzeln, tief in der Erde vergraben, ist der Baum ein gutes Sinnbild für Standhaftigkeit.

Werden Sie stark wie ein Baum: Seine Blätter geben zwar jedem Windhauch nach, doch sein Stamm steht fest und aufrecht und hält so selbst den größten Widrigkeiten stand. Bäume sind dem Glauben vieler Naturvölker nach mystische Wesen, die über Weisheit und uraltes Wissen verfügen. Stellen Sie sich aufrecht auf den Boden, die Beine hüftbreit auseinander, die Schultern entspannt. Atmen Sie dreimal tief und gleichmäßig ein und aus. Richten Sie nun Ihre Aufmerksamkeit auf die Fußsohlen und fühlen Sie, wie Sie sicher und aufrecht auf der Erde stehen.

Stellen Sie sich vor, dass ein solides Wurzelwerk von Ihren Füßen aus tief in die Erde reicht und Ihnen hilft, sich zu verankern. Gleichzeitig wird Ihr Körper zum Stamm, der Wind und Wetter trotzen kann; in Ihnen fließt stille Lebensenergie – nichts kann Sie erschüttern. Ihr Kopf bildet die Krone des mächtigen Baumes. Von hier aus behalten Sie stets den Überblick.

Suchen Sie sich einen Baum in Ihrer Nähe, den Sie öfter besuchen können. Verweilen Sie eine Zeit lang bei ihm; scheuen Sie sich nicht, ihn zu umarmen, die Rinde zu fühlen, um sich so mit seiner ruhigen Gelassenheit verbinden zu können.

Der eine sieht nur Bäume, Probleme dicht an dicht,
der andere Zwischenräume und das Licht!

UNBEKANNT

28 *Loslassen – eine Atemmeditation*

Loslassen zu können zählt mit zum Schwierigsten überhaupt. Wir tun uns schwer bei Trennungen oder in anderen Situationen, die das Loslassen erfordern. Meist halten wir krampfhaft an Gewohnheiten und allem Liebgewonnenen fest. Aber auch körperliche Verspannungen verabschiedet man nicht so leicht – selbst wenn man sich nichts sehnlicher wünscht.

Nehmen Sie sich eine kleine Auszeit vom Alltag und ziehen Sie sich bewusst zurück. Setzen Sie sich aufrecht, aber bequem auf einen Stuhl oder an einen Ort, den Sie mögen und der Ihnen vertraut ist. Legen Sie die Hände auf den Bauch und schließen Sie Ihre Augen. Atmen Sie einige Male hintereinander tief durch die Nase ein und aus. Wandern Sie jetzt mit der Aufmerksamkeit durch den Körper. Halten Sie dabei nach Verspannungen Ausschau; der Schmerz wird Ihnen den Weg weisen. Verweilen Sie drei Atemzüge lang sanft an diesem Ort, etwa im Nacken, der wehtut, krampft oder brennt. Beim nächsten Einatmen denken Sie nun das Wörtchen »los« – beim folgenden Ausatmen »lassen«. Atmen Sie dabei bewusst die Anspannung aus.
Nehmen Sie sich für die Meditation so viel Zeit wie Sie benötigen, um auf diese Weise eine spürbare Verbesserung zu erfahren.

Auch seelische Blockaden können durch das Atmen zuweilen ins Fließen kommen, um sich dann aufzulösen.

28

Verantwortlich ist man nicht nur für das,
was man tut, sondern auch für das, was man nicht tut.

LAOTSE

29 Bissen für Bissen ein Genuss!

Achtsamkeitsübung

Obwohl Kochsendungen im Fernsehen gerade sehr beliebt sind und viele Menschen sich fürs Kochen und Genießen interessieren, leben wir eher in einer Fastfood-Kultur. Häufig muss es schnell gehen oder wir essen nebenher, während wir mit anderen Dingen beschäftigt sind.

Doch selbst der kleinste Snack zwischendurch kann – gebührend zelebriert – zum Hochgenuss werden. Wählen Sie sich eine kleine Speise, auf die Sie gerade Lust haben: einen Apfel, ein Stückchen Schokolade, sogar eine Portion Pommes. Nehmen Sie den charakteristischen Duft wahr, der Ihnen in die Nase steigt und begutachten Sie Ihr Essen von allen Seiten, bevor Sie mit dem Verzehr beginnen. Welche Farben können Sie erkennen? Wie riecht die Schokolade? Ist die Apfelschale glatt oder eher rau? Nun nehmen Sie den ersten Bissen zu sich. Achten Sie dabei darauf, wie sich die Nahrung in Ihrem Mund anfühlt und versuchen Sie die verschiedenen Konsistenzen und Aromen herauszuschmecken: die Säure des Apfels, den Schmelz der Schokolade… Lassen Sie sich dabei viel Zeit, kauen Sie langsam und genießen Sie bis zum letzten Bissen.

Der amerikanische Zenkoch Ed Brown rät, sich beim Essen vorzustellen, dass das, was man zu sich nimmt, so kostbar ist wie das eigene Augenlicht. Aber auch dabei soll man nicht angespannt sein, sondern einfach den Genuss bewusst zulassen.

Ja, die Liebe – die Liebe, das ist die Köchin, die am meisten anrichtet in der Welt.

JOHANN N. NESTROY

30 Positive Energie tanken

Alle Menschen kommen mit einem unsichtbaren Schutzengel zur Welt, der sie ein Leben lang begleitet und beschützt – das erzählen schon seit Urzeiten Mütter ihren Kindern abends vor dem Einschlafen. Und wenn das so ist, dann haben auch wir Erwachsene immer einen guten, unsichtbaren Geist an unserer Seite.

Nehmen Sie sich eine kleine Auszeit und ziehen Sie sich an einen ruhigen und geschützten Ort zurück – in Ihrer Wohnung oder auch draußen. Setzen Sie sich an Ihren Lieblingsplatz und machen Sie es sich gemütlich. Schließen Sie die Augen und atmen Sie einige Male tief durch. Wandern Sie nun in Ihrer Fantasie an einen wunderschönen Ort in der Natur, den Sie kennen und mögen: etwa eine Lichtung im Wald oder eine stille Bucht am Meer. Lassen Sie sich dort nieder, um zu verweilen. Stellen Sie sich vor, dass ein guter Geist von hinten an Sie herantritt und Sie sanft mit seiner positiven Energie einhüllt. Fühlen Sie, wie er Sie in seinen Armen hält, um Sie zu wiegen. Lassen Sie sich von seiner Energie, die ausschließlich Ihnen gilt, durchströmen und heilen. Verabschieden Sie sich danach mit einem Dankeschön von diesem Wesen – in dem Wissen, dass es immer für Sie da ist, wenn Sie es brauchen.

Sie können Ihren guten Geist auch nachts, wenn Sie nicht einschlafen können, zu Hilfe rufen; er ist immer in Ihrer Nähe und wird Sie sanft in den Schlaf wiegen.

30

Was immer du kannst oder dir vorstellst,
dass du es kannst, beginne es!

JOHANN WOLFGANG VON GOETHE

31 Mit sich selbst befreundet sein

Reflexion

Was wären wir nur ohne unsere beste Freundin oder ohne den besten Freund? Gute Freunde begleiten uns durchs Leben und haben immer ein offenes Ohr für uns. Freunde sind für uns da, wann immer wir sie brauchen.

Es gibt aber auch einen »inneren Freund«, der nur darauf wartet, von Ihnen gerufen zu werden, wenn Ihre realen Freunde einmal keine Zeit für Sie haben. Immer wenn Sie sich dabei ertappen, dass Sie sich für irgendetwas innerlich beschimpfen, dann ist die Stunde des »inneren Freundes« gekommen. Drehen Sie den Satz einfach ins Positive um und seien Sie nett zu sich selbst – eben wie ein Freund, der Ihnen wohlgesonnen ist. Der »innere Freund« ist ein Garant für gesundes Selbstbewusstsein. Wenn Sie in Stress geraten und davon überzeugt sind, etwas nicht zu können, dann flüstert er Ihnen leise zu: »Du machst das gut, lass dich nicht beirren!« Und wenn Sie vor dem Spiegel stehen und sich hässlich finden, dann ruft er begeistert: »Wie hübsch du heute bist!« Diese positiven Sätze sich selbst gegenüber brauchen anfangs noch etwas Übung, weil wir es nicht gewohnt sind, uns selbst zu loben. Meist hat leider der »innere Kritiker« das Sagen, doch das lässt sich ändern!

Unterstützen Sie auch die »inneren Freunde« Ihrer Mitmenschen durch wohlmeinende, liebevolle Worte und Gesten. Die positive Energie wird zu Ihnen zurückkommen.

Der Kopf ist rund, damit die Gedanken ihre Richtung ändern können.

FRANCIS PICABIA

32 Das Gedankenkästchen

Unser Gehirn ist oft ziemlich überfrachtet mit Gedanken. Es gleicht einem Haus, das bis oben hin vollgestellt ist mit allerlei Kram, der großteils nicht mehr gebraucht wird. Das Entrümpeln der eigenen vier Wände wird von Experten immer wieder empfohlen, das Ausmisten im eigenen Kopf kann ab und zu auch nicht schaden.

Zum Ausmisten des Oberstübchens braucht es keine große Entrümpelungsaktion, lediglich ein bisschen Fantasie ist gefragt. Stellen Sie sich vor, dass Sie in Ihrem Herzen ein kleines Kästchen bewahren, das ausschließlich für jene Gedanken bestimmt ist, die Sie zwar noch »behalten«, im Moment aber beiseitelegen wollen, damit Sie Ihren Kopf frei für anderes haben. Wann immer nun ein Gedanke auftaucht, der Sie belastet und den Sie gerade überhaupt nicht brauchen können, dann halten Sie ihn mit einem leise, aber bestimmt ausgesprochenen »Stopp!« auf und packen ihn sanft am Kragen. Öffnen Sie Ihr inneres Kästchen und legen Sie den Gedanken behutsam hinein. Dann schließen Sie den Deckel und stellen im Geiste das Kästchen weg – in einen Schrank oder ein anderes Zimmer –, bis Sie bereit sind, sich Ihres Gedankens in Ruhe anzunehmen.

Auch das Aufschreiben von hartnäckigen Gedanken bewirkt eine Klärung und Befreiung im Inneren. Legen Sie das beschriebene Blatt beiseite, bis Sie sich wieder mit diesen Gedanken beschäftigen möchten.

Das Leben wird vorwärts gelebt
und rückwärts verstanden.

SØREN KIERKEGAARD

33 *Narayana – ein Mantra*

Oft gleicht unser Innenleben einem disharmonischen Orchester. Alltagshektik, Stress und Sorgen können uns aus dem Gleichklang bringen; alle Instrumente spielen dann wild durcheinander. Durch das Singen von uralten Laut- oder Wortfolgen, auch Mantras genannt, beruhigen sich Herz und Seele und neue, positive Energien beginnen zu fließen.

Narayana ist eine Lautfolge aus dem Sanskrit, die übersetzt so viel bedeutet wie: »Ruhestätte für alle Lebewesen«. Narayana öffnet direkt das Herz. Das liegt rein körperlich gesehen vor allem an dem Vokal A, der beim betonten und konzentrierten Singen oder Sprechen den Brustkorb weitet. Setzen Sie sich aufrecht auf einen Stuhl oder auf den Boden. Schließen Sie die Augen und atmen Sie mehrmals tief durch. Legen Sie dann Ihre Hände auf die Herzgegend. Beim nächsten Ausatmen tönen Sie lang gestreckt die Silbe »Na«. »Ra«, »Ya« und »Na« folgen dann wie von selbst. Können Sie fühlen, wie sich Ihr Herz ausdehnt und immer weiter wird?
Alle Zellen Ihres Körpers schwingen sich nun auf den Ton ein und Ihre eigene innere Melodie kann wieder in ihrer ganzen Schönheit erklingen. Wiederholen Sie das Mantra wann immer und sooft Sie wollen und wie es Ihnen guttut.

Im Sanskrit wird mit Narayana auch die göttliche Essenz beschrieben, die allen Dingen und Lebewesen innewohnt.

Durch die Art, wie Menschen aufmerksam sind, treffen sie die Wahl, welche Welt es sein soll, in der sie leben wollen.

WILLIAM JAMES

34 *Mein Krafttier*

Reflexion

In den schamanischen Mythen Nordamerikas haben Krafttiere als spirituelle Wegbegleiter eine große Bedeutung. Sie sind Beschützer, die den Menschen ein Leben lang begleiten. Krafttiere wohnen in den Energiezentren des Körpers. Von dort aus unterstützen sie den Menschen mit ihrer Energie, mit Kraft und Stärke.

Damit Sie sich mit Ihrem eigenen Krafttier im Solarplexus, dem Sonnengeflecht im Oberbauch, unserem energetischen Sitz von Vitalität und Willenskraft, verbinden können, braucht es einen ruhigen Platz, an dem Sie ungestört sein können. Legen Sie sich dort lang auf den Rücken, die Beine gestreckt, die Hände in Nabelhöhe übereinandergefaltet. Schließen Sie die Augen und wandern Sie eine Weile mit der Aufmerksamkeit durch den Körper, bis Sie entspannt sind. Atmen Sie dabei ruhig und gleichmäßig. Stellen Sie sich vor, dass sich im Bereich des Nabels nun ein sonniger, lichtdurchfluteter Raum öffnet und verweilen Sie eine Zeit lang darin.

Nach einer Weile kann sich Ihr Krafttier zu erkennen geben. Vielleicht steht es mitten im Raum oder kommt aus einer Ecke hervor. Was ist es? Ein starkes Tier oder eher ein zartes? Heißen Sie es willkommen. Es gehört zu Ihnen und schenkt Ihnen Kraft und Energie.

Auch wenn kein Tier erkennbar ist, ist es schön, sich manchmal in diesen hellen Raum zurückziehen zu können.

Es ist unglaublich, wie viel Kraft die Seele dem Körper zu leihen vermag.

WILHELM VON HUMBOLDT

35 Ich segne dich!

Achtsamkeitsübung

Es sind die kleinen Segnungen, die unser Leben glücklich und erfüllt machen. Jene unscheinbaren Gesten oder lieben Worte von uns nahestehenden Menschen, die den Alltag erhellen.

In manchen Religionen ist es Tradition, dass an Feiertagen die Kinder von den Eltern gesegnet werden, indem diese ihnen die Hände auflegen. Einen anderen Menschen zu segnen, bedeutet, dass man dem Himmel für den geliebten Menschen dankt – verbunden mit der Bitte, dass dessen Lebensweg beschützt sein möge. Am Vorabend des jüdischen Sabbats werden die ehrlichen Bemühungen der Kinder während der vergangenen Woche von manchen Eltern noch mal besonders hervorgehoben und die Kinder anschließend gesegnet. »Jakob kann jetzt schon abends ohne Licht einschlafen – wie wunderbar!« »Rachel hat zwar in Mathe schlecht abgeschnitten, aber sie hat wirklich ihr Bestes gegeben! Möge sie auch in der kommenden Woche unter dem Schutz Gottes stehen.« Auch bei uns selbst kommt es darauf an, dass wir unsere echten Bemühungen hinter Erfolgen und Misserfolgen erkennen, um sie wertzuschätzen – und uns nicht ständig zu verurteilen für das, was nicht gelungen ist. Segnen Sie sich selbst für das, was Sie sind.

Eltern vergessen es zuweilen, ihren Kindern zu sagen, wie glücklich sie sind, dass es sie gibt. Lassen Sie deshalb einen kleinen Segen zum Ritual werden.

Was der Sonnenschein für die Blumen ist,
das sind lachende Gesichter für die Menschen.

JOSEPH ADDISON

36 *Ruhig werden – eine Atemmeditation*

Nicht selten fühlen wir uns im Alltag gehetzt und überfordert. Wir sehnen uns nach Ruhe und Erholung und fiebern dem Wochenende oder unserem Urlaub entgegen. Doch selbst wenn wir einmal Zeit hätten, schaffen wir es nicht abzuschalten und fühlen uns ruhelos und aufgedreht.

Diese Atemmeditation kann unserem geplagten Geist helfen, aus der Spirale des Gehetztseins herauszufinden, damit wir im wahrsten Sinne des Wortes wieder durchatmen können. Begeben Sie sich dazu an einen ruhigen Ort und setzen Sie sich in aufrechter Position auf einen Stuhl oder auf Ihr Meditationskissen. Lassen Sie sich quasi in sich selbst nieder. Legen Sie die Hände auf Ihre Oberschenkel und atmen Sie dreimal hintereinander tief durch. Sprechen Sie beim nächsten Einatmen still das Wort »Frieden« zu sich – und während des Ausatmens das Wort »Liebe«. Versuchen Sie beim Einatmen den Frieden sanft und ohne Druck in jede Körperzelle zu senden, vor allem in die verspannten Ecken, wie ein Licht, das sich ausbreitet. Und schicken Sie beim Ausatmen Ihre ganze Liebe in die Welt hinaus. Fahren Sie so lange damit fort, bis Sie eine deutliche Beruhigung im Körper wahrnehmen können. Diese Übung könnten Sie mehrmals am Tag wiederholen, wenn Sie sich sehr ruhelos und unklar fühlen.

Statt »Frieden« und »Liebe« können Sie auch andere Affirmationen paarweise wählen, wie etwa »Herzenswärme« und »Licht«.

Jeder, der sich die Fähigkeit erhält,
Schönes zu erkennen, wird nie alt werden.

FRANZ KAFKA

37 Die Herzensrose

Reflexion

Das Herz schlägt nicht nur, um unseren Körper am Leben zu erhalten – es liebt auch leidenschaftlich und leidet mitunter »herzzerreißend«. Ihm wohnen alle Gefühle inne, auch wenn das rein medizinisch-wissenschaftlich gesehen natürlich nicht nachweisbar ist.

In der traditionellen indischen Chakren-Lehre befindet sich im Bereich des Herzens ein Energiezentrum, das Herzchakra. Es wird oft durch eine zwölfblättrige rosafarbene Blüte dargestellt. Fließt die Energie in diesem Chakra ungehindert, ist der Mensch zu echter Kommunikation fähig. Es entsteht emotionale Nähe zu allen Lebewesen und ein friedvolles Miteinander ist möglich. Begeben Sie sich an einen ruhigen Ort, setzen Sie sich aufrecht hin und atmen Sie tief durch; schließen Sie dabei die Augen. Richten Sie Ihre Aufmerksamkeit nun zu Ihrem Herzen und lassen Sie dort in Ihrer Fantasie eine Rose erblühen. Beobachten Sie, wie sich die zarten Blütenblätter der Herzensrose langsam entfalten. Zeitgleich ergießt sich sanftes rosafarbenes Licht aus der Blüte, das Sie auf eine Reise durch Ihren Körper senden können. Lassen Sie sich regelrecht von innen erhellen.

Eine zusätzliche Affirmation wie: »Ich öffne mein Herz, um zu lieben und geliebt zu werden« kann dem Herzen helfen, für das Aussenden und Empfangen von Liebe offener zu werden.

Ärgere dich nicht darüber, dass der Rosenstrauch Dornen trägt, sondern freue dich darüber, dass der Dornenstrauch Rosen trägt.

ISLAMISCHER SPRUCH

38 Wolken betrachten

Reflexion

Ein strahlend schöner Sommertag. Sie liegen inmitten einer Blumenwiese und schauen in den blauen Himmel hinauf, an dem weiße Wolkenschiffe majestätisch vorüberziehen. Keine Wolke bleibt, wie sie ist, alles ist ständig in Bewegung und verändert sich.

Gedanken, aber auch Gefühle, sind genau wie diese Wolken. Sie entstehen, ziehen vorüber – mal mehr und mal weniger langsam – und vergehen wieder. Doch meist halten wir unnötig lange an den zarten Gebilden fest. Oder wir möchten eingreifen, korrigieren und unsere inneren »Wolken« nach unseren Vorstellungen verändern. Das kostet viel Kraft. Stellen Sie sich vor, dass Sie sich tatsächlich auf einer luftigen Sommerwiese befinden. Sie sind entspannt und betrachten Ihre Gedanken, die wie Wolken am Horizont vorüberziehen. Versuchen Sie zu erkennen, wie sie entstehen und schauen Sie ihnen dabei zu, wie sie sich langsam entwickeln und an Fahrt gewinnen, um sich dann wieder aufzulösen. Beobachten Sie nur und versuchen Sie nicht, emotional aufzuspringen. Dies braucht etwas Geduld, denn oft reagieren wir sofort ungeprüft auf alle Impulse – auch auf unsere Gedanken.

Gefühle in gleicher Weise zu betrachten ist etwas schwieriger, doch Sie werden feststellen, dass Sie manche Gefühle durch immer wiederkehrende Gedanken oft unnötig lange festhalten. Lassen Sie sie ziehen!

Gäbe es keine unnützen Wolken in eurem Geist, jede Jahreszeit wäre eine gute Jahreszeit, jeder Tag wäre ein guter Tag.

MEISTER MUMON

39 Auf leisen Sohlen – eine Gehmeditation

Meditation

In aller Regel nehmen wir kaum wahr, dass wir uns überhaupt von A nach B bewegen. Die Gedanken an all die Dinge, die es zu erledigen gilt, kreisen in unserem Gehirn.

Wer allerdings gelernt hat, seinen Fokus ab und zu auf den Bewegungsablauf von Füßen und Beinen zu richten, kann selbst im größten Trubel zu innerer Gelassenheit und Ruhe finden – und muss sich dafür auch nicht an einen stillen Ort zurückziehen. Wählen Sie zu Beginn einen kleinen Weg – zehn oder zwanzig Schritte, drinnen oder draußen –, den Sie in nächster Zeit zur Übungsstrecke erheben. Stellen Sie sich aufrecht hin und spüren Sie mit der Aufmerksamkeit in die Fußsohlen hinein. Wie fühlt sich der Boden unter Ihren Füßen an? Heben Sie nun langsam einen Fuß und bleiben Sie dabei mit der Konzentration ganz bei dem, was sich da gerade abspielt. Notieren Sie gedanklich »heben«. Was spielt sich im Körper ab, während Sie sich dann in Gedanken »führen« notieren? Fuß und Bein schweben nun quasi in der Luft, bis sich der Fuß wieder auf den Boden senkt – »senken«. Fahren Sie damit fort, bis Sie am Ende Ihres Weges angekommen sind und gehen Sie den Weg dann noch einmal ganz bewusst in die umgekehrte Richtung.

Fünf bis zehn Minuten Gehmeditation sind anfangs ausreichend. Sie können Ihre Schritte auch zählen, um so aufmerksamer bei Ihrem Gehen zu bleiben.

*Zum Glück brauchst du Freiheit,
und zur Freiheit brauchst du Mut.*

PERIKLES

40 Unser blauer Planet

Meditation

Viele Teile unserer Erde sind an Schönheit kaum zu überbieten. Grandiose Landschaften, Naturwunder und ein sagenhafter Reichtum an Flora und Fauna machen den blauen Planeten unverwechselbar – eine verschwenderische Schönheit, die Sie in eine Atempause umsetzen können.

Stellen Sie sich für diese Übung locker und aufrecht auf den Boden; die Beine sind leicht gegrätscht. Atmen Sie zunächst mehrmals bewusst ein und aus. Heben Sie nun Ihre Arme so weit über den Kopf, bis sich die Handflächen oben wie zum Gebet berühren. Lassen Sie dabei Ihren Blick sanft in die Ferne schweifen. Beim nächsten Ausatmen senken Sie die Arme wieder, bis sich Ihre Hände unten, ungefähr auf Hüfthöhe, treffen, um dort eine natürliche Schale zu bilden. Stellen Sie sich nun vor, dass Sie in dieser Schale den gesamten Erdball halten wie einen kostbaren Saphir. Schließen Sie die Augen und versuchen Sie, all diese Schönheit und die positiven Energien, die damit verbunden sind, über Ihre Hände und Arme bis in den letzten Winkel Ihres Körpers fließen zu lassen. Werfen Sie zum Abschluss die Erde aus Ihren Händen wie einen Ball der Sonne entgegen, damit sie ihren Platz im Universum wieder einnehmen kann.

Nicht nur die Erde können Sie so in Ihren Händen tragen, auch Gefühle wie Freude oder Liebe können damit eine Zeit lang innig gehalten werden.

Nur in einem ruhigen Teich
spiegelt sich das Licht der Sterne.

CHINESISCHES SPRICHWORT

41 Der Klinkentrick

Achtsamkeitsübung

Die folgende Übung ist eine winzige Achtsamkeitsübung mit sehr großer Wirkung, die Sie wirklich in jeder Lebenslage ausführen können. Mithilfe dieses kleinen Tricks katapultieren Sie sich wann immer sie wollen binnen Sekundenbruchteilen ins berühmte »Hier und Jetzt« und somit weg von Hektik und Stress – und sei es auch nur für einen kurzen Moment.

Wählen Sie sich für diese Übung einen Alltagsgegenstand, den Sie mit Sicherheit mindestens einmal am Tag berühren. Am besten eignet sich dafür tatsächlich eine Türklinke wie die der Schlafzimmertüre, die Sie in der Regel morgens nach dem Aufstehen und abends zum Zubettgehen drücken. Jedes Mal, wenn Sie also nun diese spezielle Klinke in der Hand haben, achten Sie ganz genau darauf, wie sie sich in Ihrer Hand anfühlt – das ist alles! Fühlen Sie die Glätte der Klinke, ihre Temperatur und wie leicht oder schwer sie sich drücken lässt. Durch das Fokussieren auf das Gefühl der Klinke in Ihren Händen stoppen Sie für einen kleinen Moment alle Gedanken in Ihrem Kopf und halten kurz inne.

Nach einigen Tagen des Übens werden Sie merken, dass Ihr Gehirn beim Berühren der Türklinke automatisch auf Gedankenpause schaltet.

Diese Übung lässt sich mit allen Dingen und Bewegungsabläufen praktizieren, die sich täglich wiederholen, egal ob in der Arbeit, unterwegs oder zu Hause.

Verbringe die Zeit nicht mit der Suche nach einem Hindernis. Vielleicht ist keines da.

FRANZ KAFKA

42 Tischlein deck dich

Obwohl viele Menschen ihre Freizeit allein vor dem Computer oder dem Fernsehgerät verbringen, besinnen sich immer mehr Familien auf die Bedeutung von Gemeinsamkeit und Miteinander. Die Sehnsucht nach Wärme und Zusammenhalt ist schließlich in allen von uns tief verankert.

Erinnern Sie sich noch an Ihre Kindheit, wo vielleicht am Tisch vor jeder Mahlzeit ein kleines Gebet gesprochen wurde? Oder haben Sie diese schöne Tradition schon längst auch in Ihrer eigenen Familie eingeführt? Das gemeinsame Innehalten vor dem Essen bietet eine wunderbare Gelegenheit für alle Familienmitglieder, sich kurz zu sammeln, um sich dann um so freudiger den leckeren Speisen widmen zu können. Fassen Sie sich alle, die um den Tisch herum versammelt sind, an den Händen und schmettern Sie ein fröhliches »Piep, piep, piep, wir haben uns alle lieb – piep, piep, piep, guten Appetit!« in die Runde. Das kommt besonders bei kleinen Kindern gut an! Aber auch ein ruhig gesprochenes »Gesegnete Mahlzeit« oder ein kurzes Sammeln und ein »Danke für die Mahlzeit« verfehlen ihre Wirkung nicht, denn Tischgebete und -rituale helfen der ganzen Familie, sich auf die gemeinsame Zeit am Tisch einzustimmen.

In Schweden ist es üblich, dass sich alle nach dem Essen mit dem Spruch »Tack för maten!« (= Danke fürs Essen!) für die Mahlzeit bedanken, bevor sie sich vom Tisch erheben.

Leuchtende Tage – weine nicht, dass sie vorüber, sondern lächle, dass sie gewesen.

KONFUZIUS

43 *Die Sonne geht auf*

Meditation

Folgende einfache Körperübung kennen Sie vielleicht noch aus Ihrer Kindheit. Damals schwangen viele von uns bereits im Kindergarten als auflockernde Turnübung ihre Arme wie die sprichwörtlichen Mühlräder im Kreis. In dieser abgewandelten Form simulieren Sie damit den Lauf der Sonne – das Sonnenrad.

Stellen Sie sich aufrecht auf den Boden, die Beine sind dabei leicht gegrätscht. Atmen Sie dreimal tief ein und aus. Heben Sie nun den rechten Arm gestreckt nach vorne und dann in einer fließenden Kreisbewegung zunächst nach oben und dann nach hinten, bis er wieder locker nach unten hängend an Ihrer rechten Seite landet. Verfolgen Sie während des gesamten Bewegungsablaufs mit den Augen den Weg Ihres Arms. Stellen Sie sich dabei vor, dass er den Lauf der Sonne am Firmament nachzeichnet. Dann ist der linke dran. Immer wenn einer der Arme an seiner Seite des Körpers angekommen ist, übernimmt der andere den Sonnenlauf, sodass ein Wechselspiel in der Bewegung stattfindet. Die Arme kreisen also abwechselnd; dies bewirkt nicht nur eine Lockerung des gesamten Schultergürtels, sondern auch ein Weiten des Brustkorbs – Sie können besser durchatmen und fühlen sich freier.

Tönen Sie während der Übung ein lautes A, als würden Sie tatsächlich staunend einen wunderschönen Sonnenaufgang beobachten; so wird Ihre Atmung noch tiefer.

Leben ist nicht genug, sagte der Schmetterling. Sonnenschein, Freiheit und eine kleine Blume gehören auch dazu.

HANS CHRISTIAN ANDERSEN

44 Das kleine Wutkissen

Meditation

Zeitnot und ständige Überforderung prägen den Alltag vieler Menschen. Wir wollen Beruf, Familie, Partnerschaft unter einen Hut bringen und setzen uns selbst enorm unter Druck. Diesen Druck regelmäßig abzubauen sollten wir uns angewöhnen, bevor er sich etwa in Form von Kopfschmerzen oder Muskelverspannungen bemerkbar macht.

Für diese Übung benötigen Sie ein kleines Kissen – groß genug, dass es den einen oder anderen Fausthieb einstecken kann, aber so klein, dass es sich auch auf Reisen im Koffer mitnehmen lässt. Wählen Sie ein Kissen, das von nun an ausschließlich dieser Übung vorbehalten ist, Ihr eigenes kleines Wutkissen eben. Nehmen Sie kein Lieblingskissen, an dem Ihnen viel liegt! Suchen Sie sich eine Zeit aus, in der Sie in der Regel ein paar Minuten ungestört sind – am besten vor dem Schlafengehen. Lassen Sie in diesen Minuten all Ihren Frust, den inneren Druck und die Ungerechtigkeiten, die Ihnen während des Tages widerfahren sind, an dem kleinen Kissen aus. Schlagen Sie es, hauen Sie richtig drauf und pfeffern Sie es gegen die Wand – so lange, bis Sie erschöpft und entspannt sind. Raus mit all den negativen Emotionen, die Ihnen das Leben schwer machen!

Veranstalten Sie mit Familie oder Freunden doch mal wieder eine lustige Kissenschlacht, aber achten Sie dabei darauf, sich nicht gegenseitig wehzutun.

Betrachte deinen größten Feind als deinen besten Lehrer, der dir deine eigenen Fehler offenbart.

BUDDHA

45 *Zurück zur Natur*

Achtsamkeitsübung

Verschwenderisch überhäuft uns die Natur mit ihren Geschenken, doch nur selten machen wir uns diesen Reichtum bewusst – meist sind wir mit den Gedanken ganz woanders.

Dabei ernten wir ihre Früchte, beackern den fruchtbaren Boden, trinken das Wasser dieser Erde, genießen das Sonnenlicht und atmen Sauerstoff, den es ohne Pflanzen gar nicht geben würde. Höchste Zeit also, allem, was da vor unserer Haustüre wächst und gedeiht, ein kleines Geschenk zu machen. In vielen Naturreligionen bringen die Menschen der Erde Opfer dar, um sich bei ihr für ihre Fülle zu bedanken. Unternehmen Sie einen Ausflug in die Natur und lassen Sie sich vom Wind richtig durchpusten. Packen Sie vorher ein kleines Geschenk ein – für Wind oder Wasser, Erde oder Bäume. Die Natur ist schließlich immer für Sie da, wenn Sie sie brauchen. Klassische Mitbringsel für Mutter Erde sind ein Stückchen Brot oder etwas Mehl – seit Jahrtausenden drücken die Menschen so ihren Dank an die Erdmutter aus. Suchen Sie sich einen besonders schönen Ort, an dem Sie Ihr Geschenk vergraben oder dem Wasser übergeben können. Sagen Sie dabei im Stillen ein kleines Dankeschön.

Die Buddhisten knüpfen an die Zweige mancher Bäume kleine Stoffstreifen, die sie vorher mit Wünschen oder einem Dank gesegnet haben, damit der Wind diese Worte in den Himmel tragen kann.

Sei du selbst die Veränderung,
die du dir wünschst für die Welt.

MAHATMA GANDHI

46 *Bewusst atmen – die Mitte finden*

Meditation

Von der Sekunde der Geburt an bis zum Moment des Todes begleitet uns unser Atem, und doch schenken wir ihm nur höchst selten unsere ganze Aufmerksamkeit. Nur manchmal, wenn uns etwas »die Kehle zuschnürt« und uns deshalb »der Atem stockt« oder wenn wir außer Puste sind, denken wir wieder bewusst an unsere Atmung.

Die Konzentration auf den Atem kann uns zurück in die eigene Mitte bringen, wenn wir das Gefühl haben, uns zu verzetteln oder nicht wirklich bei uns zu sein. Setzen Sie sich so aufrecht wie möglich auf einen Stuhl oder auf ein Sitzkissen am Boden. Legen Sie dabei die Hände entspannt auf die Oberschenkel. Schließen Sie die Augen und stellen Sie sich vor, dass Sie sich in Ihrem eigenen Körper niederlassen. Beobachten Sie dabei das angenehme sanfte Heben und Senken der Bauchdecke. Fügen Sie eine Zeit lang im Stillen die Worte »einatmen« und »ausatmen« hinzu und lassen Sie dabei Ihren Atem so fließen, wie er es gerade will. Nun variieren Sie und denken: »Ich weiß, dass ich einatme«, oder: »Ich weiß, dass ich ausatme.« Fahren Sie so lange damit fort, wie es Ihnen guttut.

Es gibt bei dieser Meditation viele weitere Spielarten. So können Sie während des bewussten Atmens ein Lächeln durch alle Körperregionen schicken oder sich vorstellen, dass Ihr Atem helles Licht in Ihrem gesamten Körper verbreitet.

Wenn man seine Ruhe nicht in sich findet, ist es zwecklos, sie andernorts zu suchen.

FRANÇOIS DE LA ROCHEFOUCAULD

47 Glücksmomente in der Hosentasche

Achtsamkeitsübung

Stecken Sie sich am Morgen, wenn Sie das Haus verlassen, eine Handvoll getrockneter Bohnenkerne oder vielleicht auch kleine Kieselsteine in die linke Jacken- oder Hosentasche – egal, ob Sie nun zur Arbeit gehen, zum Einkaufen oder ob Sie Ihr Kind in den Kindergarten bringen.

Jedes Mal, wenn Sie im Laufe dieses Tages etwas Schönes oder Berührendes erleben, wandert einer der Bohnenkerne von der linken in die rechte Hosentasche. Das muss nichts Großartiges sein, denn auf die kleinen, sonst eher unbeobachteten Dinge des Lebens kommt es heute an! Eine Amsel, tirilierend in den Wipfeln eines Baumes – Bohne nach rechts. Das Lächeln der Verkäuferin hinter der Ladentheke beim Brötchenholen – Bohne nach rechts. Eine Pfütze, die Sie dazu herausfordert, mitten hineinzuspringen, obwohl man das ja als Erwachsener nicht mehr tut – Bohne nach rechts. Das Schokoherz auf Ihrem Cappuccinoschaum – Bohne nach rechts. Lassen Sie abends diesen Tag noch einmal Revue passieren und zählen Sie Ihre Glücksausbeute aus der rechten Hosentasche. Können Sie sich an die vielen kleinen Glücksmomente noch erinnern? Die restlichen Bohnenkerne aus der linken Tasche bekommen in den nächsten Tagen sicher auch noch ihre Chance.

Bewahren Sie einen der Bohnenkerne aus der rechten Hosentasche in Ihrem Portemonnaie zur »Glückserinnerung« auf.

*Wer die Kostbarkeit des Augenblicks entdeckt,
findet das Glück des Alltags.*

ADALBERT STIFTER

48 Möge ich glücklich sein!

Sich selbst Gutes zu wünschen fällt vielen Menschen schwer, denn das empfinden sie als egoistisch. Doch wer nicht gelernt hat, sich der eigenen Person liebevoll und freundlich zuzuwenden, der ist auch nicht wirklich in der Lage, respektvoll und mitfühlend mit anderen umzugehen.

Wählen Sie sich für Ihr Wunschgebet eine feste Zeit des Tages aus – vielleicht immer während der Morgentoilette oder im Auto auf dem Weg zur Arbeit. Sie müssen sich dafür nicht zwingend aus dem Alltagsgeschehen zurückziehen. Wenn Sie möchten, dann können Sie sich aber auch für einen Moment still hinsetzen. Die Hauptsache ist, dass Sie sich regelmäßig einige Minuten Zeit dafür nehmen. Nun sprechen Sie innerlich Ihren Wunsch, den Sie direkt an Ihr Herz richten: »Möge ich glücklich sein!« Sie können auch andere Wunschgebete wählen: »Möge ich leicht durchs Leben gehen!«, »Möge ich erfüllt sein von innerer Gelassenheit!« Sprechen Sie Ihren Wunsch mehrmals hintereinander still vor sich hin. Sie können auch während des Tages immer wieder auf Ihren Wunsch zurückkommen, wenn er Ihnen gerade einfällt. Formulieren Sie in den nächsten Tagen ein neues Wunschgebet.

Diese Form des Wünschens stammt aus der buddhistischen Lehre und wird Metta genannt. Traditionell wünscht man auch seinen Freunden und sogar den ärgsten Feinden auf diese Art nur Gutes.

Wenn es einen Glauben gibt, der Berge versetzen kann, so ist es der Glaube an die eigene Kraft.

MARIE VON EBNER-ESCHENBACH

49 Den Tag sich entfalten lassen

Achtsamkeitsübung

Im Laufe eines ganz normalen Tages geraten wir immer wieder in Situationen, die sich unserer Kontrolle entziehen oder gegen die wir sehr schnell inneren Widerstand aufbauen. Selbst unsere freie Zeit läuft selten so ab, wie wir es möchten – immer ist irgendwie Sand im Getriebe.

Nehmen Sie sich einen Tag in der kommenden Woche vor, an dem Sie den Geschehnissen die Gelegenheit geben, sich vollkommen frei zu entwickeln. Wählen Sie dazu aber keinen Tag, der von vornherein mit Terminen vollgestopft ist, sondern eher einen ruhigen Sonntag. Nehmen Sie sich für diesen Tag nichts Besonderes vor, sondern versuchen Sie zu beobachten, wie sich die Stunden eine nach der anderen vor Ihren Augen entfalten. Bemerken Sie dabei die leisen Widerstände, wenn es einmal nicht nach Ihren Wünschen geht. Vielleicht klingelt das Telefon, wenn Sie sich gemütlich zum Lesen zurückgezogen haben. Oder ein Regenschauer geht nieder, obwohl für heute Sonne angesagt war. Lassen Sie alles so geschehen, wie es geschehen möchte und leisten Sie auch innerlich keinen Widerstand – in den meisten Fällen haben wir ohnehin keine Chance einzugreifen.

Kleine Widerstände sind ständige Begleiter im Alltag, nur bemerken wir sie in der Eile oft nicht und fühlen uns dann unbestimmt ärgerlich – sie aufzuspüren und zuzulassen macht uns gelassener.

Freue dich am Leben und es wird für dich sorgen.

TIBETISCHE WEISHEIT

50 Dem Schnee beim Fallen zuhören

Achtsamkeitsübung

»Vor lauter Lauschen und Staunen sei still, du mein tieftiefes Leben...«, dichtete einst schon Rainer Maria Rilke. Doch in einer Umgebung, die oft angefüllt ist von Lärm und anderen akustischen Reizen, haben wir, wie es scheint, das stille Lauschen längst verlernt.

Um dem Schnee beim Fallen zuhören zu können, braucht es natürlich den Winter. Doch auch Wind in den Bäumen oder Regen, der aufs Hausdach trommelt, eignen sich hervorragend, um Ihren Ohren die Klänge der Natur wieder nahezubringen. Wem möchten Sie jetzt eine Zeit lang lauschen? Dem Gesang eines Vogels, dem Plätschern eines Baches? Setzen Sie sich dazu gemütlich und entspannt hin. Vielleicht schwingt in Ihrem Garten sogar eine Schaukel, die zum Lauschen und Verweilen einlädt. Wenn Sie in der Stadt keinen Garten zur Verfügung haben, unternehmen Sie einen Ausflug in den Park. Atmen Sie einige Male tief ein und aus und lassen Sie sich dann ganz auf die Töne ein, die Sie zu Gehör bekommen; versuchen Sie dabei nicht auf Ihre Gedanken zu »hören«. Jeder Ton von außen soll frei und ungehindert durch Ihren Körper fließen können.

Manche Tage haben es in sich und es fällt schwer, sich auf etwas zu konzentrieren. Dann ist es ratsam, für einige Zeit dem sanften Geräusch des eigenen Atmens zu folgen, bevor Sie Ihre Ohren den Tönen und Klängen der Natur öffnen.

50

Sonnenschein ist köstlich, Regen erfrischend, Wind fordert heraus, Schnee macht fröhlich; im Grunde gibt es kein schlechtes Wetter, nur verschiedene Arten von gutem Wetter.

JOHN RUSKIN

51 Ganz entspannt im Hier und Jetzt

Achtsamkeitsübung

Kennen Sie das auch: Sie sitzen im Büro am Schreibtisch und sind in Gedanken ganz weit weg? Oder Sie stehen in der Küche und rühren in einem Topf, dabei steckt Ihr Kopf träumerisch in den Wolken? In den seltensten Fällen sind wir bewusst bei dem, was wir gerade tun, meist geistern wir mit unseren Gedanken durch die Vergangenheit oder überlegen, was heute noch alles erledigt werden muss.

Dabei ist es viel befriedigender, ganz im Hier und Jetzt zu sein, auch wenn das auf den ersten Blick oft nicht so aussieht. Um sich mit dem gegenwärtigen Augenblick zu verbinden, braucht es lediglich ein waches Hineinfühlen in den eigenen Körper: Was fühlen Sie gerade? Können Sie Ihren Rücken wahrnehmen, wie er die Lehne des Schreibtischsessels berührt? Oder Ihre Fußsohlen auf dem Boden? Wie fühlt sich der Luftzug, der durch das gekippte Fenster streicht, in Ihrem Nacken an? Wie das Messer in der Hand beim Zwiebelnschneiden? Wie angenehm und kühl liegt die pralle, glatte Zwiebel in Ihrer Hand! Tausende von Augenblicken und Gelegenheiten schenkt uns das Leben an jedem Tag, um durch die bewussten körperlichen Empfindungen wieder im Hier und Jetzt anzukommen.

Wählen Sie sich feste Zeiten im Tagesablauf, etwa in der Mittagspause, in denen Sie sich für ein paar Minuten bewusst mit dem Hier und Jetzt verbinden.

Es gibt zwei Tage, um die du dich nicht zu kümmern brauchst: um den Tag, der noch nicht gekommen, und um den, der vergangen ist.

IBN SINA

52 Leicht und sanft einschlafen

Meditation

Schlafstörungen sind in unserer Gesellschaft weitverbreitet; jeder Zweite hat Schwierigkeiten beim Einschlafen oder liegt nachts zeitweise wach und kommt einfach nicht zur Ruhe.

Eine wunderbare Übung, die Sie leichter in den Schlaf gleiten lässt, stammt von Heinrich Egenolf, einem angesehenen Atemexperten des frühen 20. Jahrhunderts. Stellen Sie sich vor dem Zubettgehen aufrecht hin, sodass Sie mit beiden Füßen fest auf dem Boden stehen. Der Nacken sollte dabei die natürliche und entspannte Verlängerung der Wirbelsäule bilden. Legen Sie nun eine Hand auf Ihren Bauch und die andere auf Ihren Brustkorb. Atmen Sie so tief wie möglich mehrmals ein und aus. Richten Sie nun Ihre Aufmerksamkeit auf die kleine Atempause, die nach der Ausatmung entsteht – fahren Sie weiterhin damit fort, so tief und vollständig wie möglich zu atmen. Versuchen Sie immer wieder ein Gespür für diese kleine Pause zu bekommen. Lassen Sie sie auf sich wirken und genießen Sie den kurzen Moment der Stille, bevor es wieder ans Einatmen geht. Fahren Sie damit so lange fort, wie es Ihnen guttut. Natürlich können Sie die Übung auch im Liegen durchführen, aufrecht stehend atmen Sie aber freier.

Am nachhaltigsten wirkt diese kleine Einschlafhilfe, wenn Sie sie bereits tagsüber immer wieder für ein paar Minuten praktizieren. Das geht auch sehr gut im Büro oder zu Hause zwischendurch.

Die Seele hat die Farbe deiner Gedanken.

MARC AUREL

Achtsamkeitsübungen

Meditationen/ Körperübungen

Reflexionen

Dank

Ich bedanke mich von ganzem Herzen bei meinen buddhistischen und spirituellen Lehrern und Lehrerinnen, die mich nun schon seit vielen Jahren begleiten und die mein Leben in unterschiedlicher Hinsicht immer wieder bereichern: Marie Mannschatz, Thich Nhat Hanh, Edward Espe Brown, Osho und Gangaji.

Bücher, die weiterhelfen

Brown, Edward Espe: **Das Lächeln der Radieschen. Zen in der Kunst des Kochens.** Deutscher Taschenbuch Verlag

Daiker, Ilona: **Gelassen wie ein Buddha.** Gräfe und Unzer

Eßwein, Jan: **Achtsamkeitstraining mit CD.** Gräfe und Unzer

Giacobbe, Giulio Cesare: **Wie Sie Ihre Hirnwichserei abstellen und stattdessen das Leben genießen.** Goldmann

Kabat-Zinn, Jon: **Zur Besinnung kommen. Die Weisheit der Sinne und der Sinn der Achtsamkeit in einer aus den Fugen geratenen Welt.** Arbor

Kohtes, Paul J.: Das Buch vom Nichts. **Mit Zen zu einem Leben in Fülle.** Gräfe und Unzer

Mannschatz, Marie: **Buddhas Anleitung zum Glücklichsein. Fünf Weisheiten, die Ihren Alltag verändern.** Gräfe und Unzer

Mannschatz, Marie: **Lieben und Loslassen. Durch Meditation das Herz öffnen.** Theseus

Remen, Rachel Naomi: **Aus Liebe zum Leben. Geschichten, die der Seele gut tun.** Arbor

Seethaler, Susanne: **Vom Glück, mit Liebe zu kochen. Achtsamkeit im Alltag.** Nymphenburger

Späth, Thomas; Bao, Shi Yan: **Shaolin. Das Geheimnis der inneren Stärke.** Gräfe und Unzer

Impressum

Projektleitung: Eva Dotterweich
Lektorat: Dorothea Steinbacher
Layout: independent Medien-Design, Horst Moser, München
Bildredaktion: Henrike Schechter, Elke Dollinger
Herstellung: Susanne Mühldorfer
Satz: Ludger Vorfeld
Lithos: Longo AG, Bozen

Printed in China
ISBN 978-3-8338-2375-6
2. Auflage 2012

Bildnachweis

Alimdi: 41; Bildstelle: 4; F1-online: 28, Getty: 5, 15, 16, 20, 23, 37, 39, 44, 52; Look: 21, 27; Masterfile: 42; Mauritius: 1, 2, 3, 9, 11, 14, 22, 25, 33, 34, 35, 36, 38, 40, 43, 45, 46, 50; Plainpicture: 6, 7, 8, 10, 12, 13, 18, 19, 24, 26, 29, 30, 31, 32, 48, 49, 51; Stockfood: 47; Westend: 17

Die GU-Homepage finden Sie unter www.gu.de

GRÄFE UND UNZER

Ein Unternehmen der
GANSKE VERLAGSGRUPPE

DAS ORIGINAL MIT GARANTIE

Unsere Garantie

Alle Informationen in diesem Ratgeber sind sorgfältig und gewissenhaft geprüft. Sollte dennoch einmal ein Fehler enthalten sein, schicken Sie uns das Produkt mit dem entsprechenden Hinweis an unseren Leserservice zurück. Wir tauschen Ihnen den GU-Ratgeber gegen einen anderen zum gleichen oder ähnlichen Thema um.

Liebe Leserin und lieber Leser,

wir freuen uns, dass Sie sich für ein GU-Buch entschieden haben. Mit Ihrem Kauf setzen Sie auf die Qualität, Kompetenz und Aktualität unserer Ratgeber. Dafür sagen wir Danke! Wir wollen als führender Ratgeberverlag noch besser werden. Daher ist uns Ihre Meinung wichtig. Bitte senden Sie uns Ihre Anregungen, Ihre Kritik oder Ihr Lob zu unseren Büchern. Haben Sie Fragen oder benötigen Sie weiteren Rat zum Thema? Wir freuen uns auf Ihre Nachricht!

Wir sind für Sie da!
Montag – Donnerstag: 8.00 – 18.00 Uhr;
Freitag: 8.00 – 16.00 Uhr
Tel.: 0180-5005054*
Fax: 0180-5012054*
*(0,14 €/Min. aus dem deutschen Festnetz/Mobilfunkpreise maximal 0,42 €/Min.)
E-Mail: leserservice@graefe-und-unzer.de

P.S.: Wollen Sie noch mehr Aktuelles von GU wissen, dann abonnieren Sie doch unseren kostenlosen GU-Online-Newsletter und/oder unsere kostenlosen Kundenmagazine.

GRÄFE UND UNZER VERLAG
Leserservice | Postfach 86 03 13 | 81630 München